上海社会科学院 区域国别高等研究院
ADVANCED INSTITUTE OF AREA STUDIES, SASS

世界发展研究丛书

总主编：朱国宏
副总主编：王健　程福财

21世纪澳大利亚的变局与探索

王成至·著

时事出版社
北京

图书在版编目（CIP）数据

21世纪澳大利亚的变局与探索／王成至著. --北京：时事出版社, 2024.12. -- ISBN 978-7-5195-0646-9

Ⅰ. D761.13

中国国家版本馆 CIP 数据核字第 2024LT9139 号

出 版 发 行：时事出版社
地　　　　址：北京市海淀区彰化路 138 号西荣阁 B 座 G2 层
邮　　　　编：100097
发 行 热 线：(010) 88869831　88869832
传　　　　真：(010) 88869875
电 子 邮 箱：shishichubanshe@sina.com
印　　　　刷：北京良义印刷科技有限公司

开本：787×1092　1/16　印张：11.25　字数：130 千字
2024 年 12 月第 1 版　2024 年 12 月第 1 次印刷
定价：98.00 元

（如有印装质量问题，请与本社发行部联系调换）

总　　序

当前，世界秩序正经历新一轮大变革大调整，大国战略博弈全面加剧，人类文明发展面临新机遇、新挑战。基于对世界形势的敏锐洞察和深刻分析，以习近平同志为核心的党中央作出了"当今世界正处于百年未有之大变局"的重大论断。深刻认识这一"变局"的丰富内涵，充分了解世界主要国家和地区正在发生的变化，牢牢把握"变局"给人类文明进步和中华民族伟大复兴带来的影响，是我国不断开拓发展空间、实现"第二个百年"奋斗目标的紧迫要求。

随着国家综合实力不断增强，我国与欧美、东南亚、中亚、非洲、拉美等地区的交流合作不断加深，相互依存度持续提升。另外，美西方近年来推进的对华"脱钩""断链"等战略打压遏制政策，给我国的对外开放造成许多困难，增加了不确定性。因此，我们迫切需要更加全面准确地理解世界，迫切需要加大对世界其他国家和地区，特别是主要国家和重要区域的研究。

从现实的情况看，我国对其他国家和地区的研究都不够深入系统，缺乏专门的力量。长期以来，我们专注于国内问题研究，对与国内政治、经济、文化发展同时期的国际背景缺乏深入系统的探究。这与我国不断发展壮大的国家综合实力与不断拓展的国际影响力不相适应。从国际经验看，美国对世界其他国家和地区研究的进程，与美国不断发展壮大并保持世界强国的状况始终高度一致。从 20 世纪初开始，美国的人类学家、历史学家、经济学家等便着手对中国、日本、俄罗斯等国和东南亚、非洲等地区进行深入研究，出版了一批富有影响力的报告与著作，为美国外交战略的制定与实践提供了重要参考。和美国相比，我国的国别与区域研究明显滞后，亟待发展壮大。

2022 年 9 月，国务院学位委员会、教育部印发《研究生教育学科专业目录（2022 年）》和《研究生教育学科专业目录管理办法》，将"区域国别学"正式设立为交叉学科门类下的一级学科，推动了我国国别与区域研究的发展。同年 12 月，为充分发挥学科门类齐全、跨学科特征显著、国别与区域研究基础较深厚的优势，上海社会科学院建立了区域国别高等研究院，以强化对世界其他国家和地区的系统研究。该研究院为上海社会科学院学科发展与智库建设创新发展的跨学科研究平台，以对世界特定国家和地区的专题研究为中心，积极服务我院学科发展与国家高端智库建设。

上海社会科学院区域国别高等研究院以下属特定国别与区域研究中心为主体力量，对特定国家和地区进行跨学科研究，力图充分解析这些国家和地区政治、经济、文化等多方面或特定方面的发展现状、趋向与逻辑，并从不同的学科出发，透过对相关国家和地区的特定议题的专项研究，尝试全方位理解这些国家和地区的整体发展脉络、趋向与特点。这显然是一项富有挑战性的系统工程。当前，我国的区域国别学本身还面临学科理论范式有待发展，学科研究方法有待创新，学科融合发展路径有待探索等一系列问题。学界同仁对其学科属性、发展目标与路径的认识尚缺乏统一的认识。在技术层面，对世界其他国家和地区的研究，往往需要更多的资源和投入，开展实证调查研究的难度较大。这些是国别与区域研究无可回避、必须克服的难题。不过，唯其如此，系统性地组织推动才更加有必要。

呈现在读者面前的这套丛书，正是上海社会科学院国别与区域研究团队，特别是一批青年科研人员潜心研究的成果。他们尝试以系统科学的论据，揭示相关国家和地区发展的脉络与逻辑。我们期待以此与学界同仁、读者加强交流切磋，共同推动我国国别与区域研究的深入进行。

上海社会科学院区域国别高等研究院院长

朱国宏

2023 年 10 月 2 日

序

随着世界百年未有之大变局加速演进，国际格局和秩序经历深刻调整，人类文明发展面临越来越多的问题和挑战。特别是随着中国 2010 年成为世界第二大经济体、2013 年提出共建"一带一路"倡议，中国越来越走近世界舞台中央，与世界的联系日益密切，对区域国别等世界知识体系的构建从质和量上都有了新的迫切需求。截至 2023 年 6 月底，中国与五大洲的 150 多个国家、30 多个国际组织签署了 200 多份共建"一带一路"合作文件。截至 2024 年末，我国已与 183 个国家建立了外交关系，与 160 多个国家和地区建立科技合作关系，成为 140 多个国家和地区的主要贸易伙伴。我们亟需对这些国家和地区有深入了解，便于更好地对外交流和文明互鉴，推动构建人类命运共同体。

上海社会科学院在成立之初就涉及国际问题研究。1978 年上海社会科学院复院后的国际问题研究是从 1981 年成立的上海苏联东欧研究所开始逐渐发展起来的；1990 年，成立了亚洲太平洋研究所；2015 年，又与上海市国际问题研究中心合并，成立了上海社会科学院国际问题研究所。由于起步于两个研究区域问题的研究所，因此上海社会科学院的国际问题研究呈现较为明显的区域国别研究特色。近年来，在国家高度重视区域国别研究的推动下，我们继续做精做强，同时也不断寻找新的增长点，努力形成新特色。

澳大利亚是亚太地区具有重要影响力的国家，中澳关系也是亚太地区一组重要的双边关系。加强对澳大利亚的研究，对于中国特色大国外交和中国式现代化发展至少具有以下几个方面的价值。一是从战略价值层面来看，澳大利亚不仅是连接东亚与南太平洋地区的重要枢纽，也是国际格局中重要的中等强国，在南太平洋以及亚太地区有着很强的话语权和影响力。澳大利亚一方面是美国"印太战略"的重要盟友，但另一方面其作为地区强国也有一定自身的战略利益考量和外交自主性。如何巩固和提升中澳全面战略伙伴关系对我国塑造有利于现代化发展的外部环境具有重要战略意义。二是从经贸合作层面来看，中澳两国经济优势互补，是天然的合作伙伴。澳大利亚有着丰富的矿产资源，农产品享有盛誉，在科技产业创新方面有不少领先技术。中国拥有超14亿人口的超大规模市场，以及完备的产业体系、充足的创新人才、丰富的应用场景，已连续15年作为澳大利亚第一大贸易伙伴、出口市场和进口来源地，双边贸易额占澳大利亚贸易总额的三成以上。但与此同时，美国对华"脱钩断链"，积极拉拢澳拼凑"关键矿产买家俱乐部"，中澳两国如何排除外部干扰，将互补优势转化为共同发展的强健趋势，对于中国的现代化发展也至关重要。三是从文明对话层面来看，澳大利亚的文化融合了来自欧洲、亚洲、美洲和本土的文化元素，形成了独特的多元文化特点。而中华文明自古以开放包容闻名于世，具有兼收并蓄、包罗万象的特点。开展中澳之间的文明对话，对于推动各国之间民心相通和文明互鉴，具有十分重要的意义。

在迈进 21 世纪的这 20 多年中，澳大利亚在国家安全、经济等领域都面临时代发展带来的一系列挑战和机遇，澳大利亚在面对这些机遇和挑战做出回应的过程中，内部经历了变革的震荡，同时也给整个亚太地区乃至全球格局的发展变化带来独有的影响。深入研究 21 世纪澳大利亚的变局与探索，意义不言自明。

《21 世纪澳大利亚的变局与探索》是本所的王成至博士在其承担的上海社会科学院国际合作处资助的世界发展专项研究课题的基础上形成的专著。本书提供了一个了解澳大利亚应对新世纪重要变化的视角，希望能够激发国内相关领域的专家学者从多元的角度审视这个大洋洲上的国度，不断地丰富对澳大利亚的认知。

上海社会科学院国际问题研究所所长

2024 年 12 月于上海

前　言

自建国以来，澳大利亚大多数时间都处在国际政治舞台的边缘，虽然在体现国际格局重大变化的事件里（如两次世界大战、冷战、反恐战争），澳大利亚都未能因其孤悬于太平洋中而置身事外，但也很少成为事件的焦点、热点。不过，情况也许正在改变。

在21世纪迈向第三个10年与国际政治舞台的聚光灯转向亚洲太平洋地区之际，在美国政府制定的"印度洋—太平洋战略"（简称"印太战略"）中，澳大利亚第一次被赋予了关键的区域角色，与美国、日本、印度一起，充当为支持"印太战略"而搭建的"四边机制"的支柱之一，又与美国、英国结成了"奥库斯"集团。澳大利亚也因此吸引了世界上越来越多的目光。

澳大利亚脱胎于大英帝国建立的殖民地，是一个欧洲英语民族占统治地位的多民族国家，从政治和文化的角度自视为"西方"的一部分，其发展经历具有西方国家的诸多共性，在发展阶段上也具备当今西方国家的诸多特征，如国民经济中服务业比重高、人口老龄化趋势明显、对移民劳动力需求旺盛、阶级矛盾更多采取种族对立和文明冲突的形式等。

但是澳大利亚又有其独特的成长环境、挑战和追求。它坐拥丰富的矿藏和其他自然资源，国民经济严重依赖资源类产业，这一方面使其在某种程度上能够支撑国内高水准的福利体系，另一方面又抑制了本国科技创新的潜力，妨碍了为应对气候变化拿出有力措施的勇气和责任心。

澳大利亚在国际社会中有两个突出的身份：按所处的阵营划分，其是西方超级大国美国主导的军事同盟体系的一员；按发展水平和国际影响力划分，其以"中等强国"自居。实际上，这两种身份在诉求上并不完全一致。美国对单极世界秩序的追求，与"中等强国"基于国力的限制而制定有限目标，具有内在的张力[①]。不过，受特定因素的影响，澳大利亚决策者们总是被动或主动地压抑作为"中等强国"的诉求，而去配合美国构建单极世界秩序的行动，并因此让国家卷入与本国无直接利益关联的国际矛盾当中。

影响澳大利亚做出上述选择的因素之一是：在澳大利亚国内，白人压迫原住民的历史给今天的种族和解进程与国家团结留下了诸多难题，而放眼四周，除了新西兰外，其他邻邦都是非欧洲民族的家园，虽然澳大利亚与大多数邻邦存在密切的经贸、政治和历史联系，但是身为西方国家的优越感和孤独感，

---

① 例如担任过澳大利亚霍克政府和基廷政府外交贸易部长的加雷斯·埃文斯就认为，澳大利亚的对外政策须基于对"中等强国"与大国实力差距的清醒认知，做到有所为有所不为。参阅 Gareth Evans and Bruce Grant, "Australia's Foreign Relations in the World of the 1990s", Melbourne: Melbourne University Press, 1991, pp. 346 - 347。

也影响了澳大利亚与大多数邻邦建立互信，这反过来又激发了澳大利亚国内的"西方"身份认同，乃至分不清国家利益与政治上的"西方"利益的界限，而后者更多体现的是美国霸权体系的利益诉求。

在世界经济重心东移的进程中，澳大利亚决策者们既有心要把握随之而来的历史机遇，又担心会因此丢失本国的西方特性。这种特殊心态导致澳大利亚的内政外交呈现出表里不一、自相矛盾的一面：一方面，澳大利亚政府旗帜鲜明地支持多元文化政策，积极追求同亚洲国家加强政治、经贸、防务关系，参与亚洲区域一体化进程，鼓励同亚洲国家开展民间交流；另一方面，同样也是澳大利亚政府，通过对美国在"印太"地区霸权的近乎无条件的支持，通过强调对西方自由主义价值观的坚守、通过把英国等美国的欧洲盟国引入亚洲区域一体化进程，以及引入"印太"地区的纷争当中，甚至通过维护体现澳大利亚欧洲渊源的君主立宪政体，来求得一份安心、增加一份自信。

澳大利亚与中国同属亚太大家庭。2015年，澳大利亚成为中国倡议成立的、旨在为"一带一路"基础设施项目融资的亚洲基础设施投资银行的创始国之一，同年，两国关系升级为全面战略合作伙伴关系。但是，澳大利亚国内对中国怀有意识形态和种族主义偏见的政治力量，把两国互利共赢的合作关系曲解为中国向澳大利亚"渗透"。在美国政府视中国为"战略竞争对手"并将"印太战略"的锋芒对准中国的背景下，澳大利亚对华政策也随之发生了变化，开始把中国当作"威胁"而非"伙伴"，把中国的民族复兴当作"挑战"而非"机遇"，从而给中澳两国的合作交流造成了诸多阻力。澳大利亚对华政策的走向既受到本国政治、经济、文化等因素的影响，也受到国际和区域局势变动的影响，重视对澳大利亚的国别研究，可以为判断、把握澳大利亚对华政策的规律和走势提供参考。

本书无意面面俱到讨论澳大利亚的内政外交问题，而是尝试做到"两个聚焦"：一是就时间而言，主要聚焦21世纪前20年澳大利亚面临的内政外交问题、国内的各种主张、政府的因应之策；二是就议题而言，主要聚焦这一时期澳大利亚内政外交当中举足轻重的六个议题，并对其分章进行阐述。

需要说明的是，对于第一个聚焦，虽然本书把关注重点放在21世纪前20年，但是鉴于澳大利亚第25任总理约翰·霍华德领导的政府是一个跨世纪的政府，执政时间从1996年3月一直持续到2007年12月，因此不仅其政策具有连贯性，而且一些在21世纪产生影响的事态，渊源也可以追溯至20世纪末甚至更早的时期，为了向读者呈现事态发展的完整脉络，笔者使用了一定篇幅反映1996年前后的事况。

就第二个聚焦而言，笔者之所以重点关注这六个议题，即澳大利亚的政党政治、政体之争、劳资关系、环境政策、种族关系、参加美国主导的反恐战争，是因为相比于其他议题，这六个议题在21世纪前20年的大部分时间是澳大利亚议会、政府、媒体和学界讨论最多、矛盾也最尖锐的话题，严重的时候甚至会引发社会冲突，导致政府更迭。它们既不能被看作单纯的内政问题，也不能被看作单纯的对外事务，能够体现澳大利亚在21世纪的自我定位、治国理念、路径选择、行动能力和未来趋势。

本书的内容和结构，主要基于澳大利亚议会、政府、政党、媒体、社会团体、专家的相关政策讨论，以及澳大利亚、中国、其他国家或国际权威信息平台所公布的资料。此外，在21世纪中国澳大利亚问题研究日趋繁荣的时代背景下，中国国内相关的研究，特别是关于澳大利亚对外政策、安全战略的研究，也使笔者在本书写作过程中受益良多。

本书的结构如下：

第一章旨在为后面各章做背景铺垫，主要介绍澳大利亚的基本国情，包括自然环境、发展简史、人口构成、政治制度、经济文化、国际地位，力求通过有限的篇幅使读者对该国的情况一目了然。

第二章专门讨论澳大利亚的政党政治，聚焦于两大主要政党——工党和自由党—国家党联盟（简称"联盟党"）在1996—2022年轮流执政的情况，包括两党围绕选举和组阁的争斗，政府首脑的执政风格，执政党的主要政绩和存在的问题，政治丑闻，对澳大利亚政治制度、政党活动的影响。

第三章主要介绍澳大利亚国内两种政体的对立主张，即保留君主立宪政体还是改行共和政体，主要关注围绕这两种主张形成的压力集团的活动，关注围绕修宪举行的1998年制宪会议和1999年全民公投，以及这一争议在21世纪的发展动向。

第四章主要揭示澳大利亚劳资关系当中的主要矛盾，联盟党政府和工党政府的相关政策对工会的地位、对社会福利体系、对社会财富流向所产生的影响，以及不同利益群体对政府劳资关系改革、税制改革等的不同反应，特别是工会与重视维护资方利益的联盟党政府之间的较量，对澳大利亚工人运动和工人阶级政治取向产生的影响。

第五章关注的是在气候变化激发的灾害面前，澳大利亚联盟党和工党政府以及其他党派的政策主张、减排方案以及遇到的主要挑战，特别是来自澳大利亚支柱产业——矿业利益集团对减排构成的阻力。同时也关注澳大利亚在开发清洁能源、可再生能源方面对机遇的把握。

第六章主要呈现当今澳大利亚原住民与澳大利亚联邦的关系，探讨种族骚乱为什么时有发生，原住民在维权和缩小与白人差距方面遇到了哪些挑战，澳大利亚政府为推动种族和解做了哪些工作、存在哪些局限。

第七章把焦点放在澳大利亚卷入美国发动的反恐战争后在国内外陷入的尴尬境地，揭示了"9·11"事件后澳大利亚军方在阿富汗战争、伊拉克战争和打击"伊斯兰国"的军事行动中所起的作用和对平民犯下的罪行，以及国内文明冲突激化、政府面临要同时应对宗教极端势力和白人极右势力制造恐袭的局面。

目 录

第一章 大洋中的国度 …………………………………… （1）
 第一节 自然环境 ………………………………………… （1）
 第二节 发展简史 ………………………………………… （2）
 第三节 人口构成 ………………………………………… （9）
 第四节 政治制度 ………………………………………… （13）
 第五节 经济文化 ………………………………………… （21）
 第六节 国际地位 ………………………………………… （25）

第二章 执政党与反对党 …………………………………… （28）
 第一节 政党政治 ………………………………………… （28）
 第二节 跨世纪政府 ……………………………………… （31）
 第三节 工党时期 ………………………………………… （36）
 第四节 三任总理 ………………………………………… （45）

第三章 共和制与君主立宪制 ……………………………… （56）
 第一节 元首争议 ………………………………………… （56）

第二节　两派主张 …………………………………（58）
　　第三节　共和模式 …………………………………（62）
　　第四节　制宪会议 …………………………………（64）
　　第五节　全民公投 …………………………………（67）
　　第六节　未尽之役 …………………………………（70）

第四章　劳工与资本 ……………………………………（74）
　　第一节　工人运动 …………………………………（74）
　　第二节　偏袒资方 …………………………………（76）
　　第三节　抗争事件 …………………………………（80）
　　第四节　更行新法 …………………………………（86）
　　第五节　工会腐败 …………………………………（88）
　　第六节　修法之争 …………………………………（91）

第五章　环境与利益 ……………………………………（95）
　　第一节　气候问题 …………………………………（95）
　　第二节　减排之路 …………………………………（99）
　　第三节　开发核能 …………………………………（108）
　　第四节　可再生能源 ………………………………（110）

第六章　原住民与联邦 …………………………………（116）
　　第一节　不公境遇 …………………………………（116）
　　第二节　安抚政策 …………………………………（119）
　　第三节　宪法地位 …………………………………（131）

第七章 国外反恐与国内反恐……………………（134）
 第一节 卷入战争……………………………（134）
 第二节 引来恐袭……………………………（140）
 第三节 极右之恐……………………………（147）

英文参考文献………………………………………（154）

第一章 大洋中的国度

第一节 自然环境

澳大利亚在这个星球上的位置，处于南纬 10—42 度、西经 113—153 度之间，也就是在太平洋南部、靠近印度洋的区域，位于大洋洲西南部。该国东隔塔斯曼海与新西兰为邻，东北隔珊瑚海与巴布亚新几内亚、所罗门群岛为邻，北隔阿拉弗拉海和帝汶海与印尼和东帝汶为邻，南隔印度洋与南极洲相望。

澳大利亚由澳大利亚大陆、塔斯马尼亚岛等岛屿和海外领土组成，国土总面积为 769.2 万平方公里，在世界各国中居于俄罗斯、加拿大、中国、美国、巴西之后，位列第六；还拥有 814.8 万平方公里的专属经济区，面积位居世界第三，排在俄罗斯、美国之后；其大陆海岸线长度为 20125 公里，亦居世界第三，位列俄罗斯、美国之后。澳大利亚在南极洲东部还拥有 589 万平方公里的属地。由于澳大利亚是世界上唯一国土覆盖整个大陆的国家，因此往往被称为"澳洲"。

◇ 21世纪澳大利亚的变局与探索

澳大利亚地跨热带和温带，北部在热带，南部在温带，70%的大陆面积为干旱或半干旱地区，其中，20%的面积是沙漠，集中在中西部，只有占大陆面积26%的东南沿海地带温润宜居。总的来说，澳大利亚大陆是人类居住的最干旱的大陆，年降水量不足500毫米，干旱天气经常引发森林大火。

由于地处南半球，澳大利亚的四季与北半球正好相反，岁末年初的12月到次年2月为夏季；3—5月为秋季；6—8月为冬季；9—11月为春季。

远古的地壳运动，导致澳大利亚大陆与冈瓦纳古陆分离，成为除南极大陆之外唯一四面环海的大陆。千百年来，这种遗世独立的状态，使澳大利亚的生态系统较少受到外界干扰，许多远古物种得以保存至今，如鸭嘴兽、袋鼠、树袋熊、鸸鹋等。

第二节　发展简史

一、澳大利亚的发现

考古研究将澳大利亚最初有人类迁入的时间提早到了大约6.5万年前[①]。这些居民属于尼格利陀人种，他们具有卷发、肤色暗黑、身材矮小等体态特征。他们靠狩猎采集为生，组成了大大小小的部落，操着各种语言，逐水草而居，活动遍布整个澳大利亚。因为隔绝于世界其他文明区域，这些原住民脱离

---

① Chris Clarkson, Zenobia Jacobs, et. al, "Human Occupation of Northern Australia by 65,000 years Ago", Nature, Vol. 547 (7663), pp. 306 – 326.

原始社会发展阶段的过程要到18世纪末至19世纪才发生。①

中国国内有一种学术观点,认为旧大陆上最早发现澳大利亚的是14世纪元朝中国航海家汪大渊,因为根据流传下来的由他撰写的航海著作《岛夷志略》,其中对"麻那里""罗娑斯"两地的描述,与澳大利亚北部海岸的地理、物种环境高度吻合②。只是这种观点尚未得到国际史学界的承认。

15世纪后期开始,欧洲列强凭借先进的航海技术和武器装备,开启了对欧洲以外的新旧世界的征服进程,用了近5个世纪的时间,将全球绝大多数地区纳入了由若干殖民帝国主导的现代资本主义世界体系。澳大利亚的遗世独立也被欧洲殖民者的探险活动所打破。

17—18世纪,先后有荷兰、法国、英国等国的探险队深入太平洋中,造访澳大利亚海岸,他们以为新发现的地方就是古代欧洲先哲们所说的"南方未知大陆"。"澳大利亚"这个名称,是拉丁语"南方未知大陆"的英文变体。③

二、纳入英国殖民体系

1788—1859年,英国殖民者在澳大利亚先后建立了六个殖

---

① Scott Cane, "First Footprints: The Epic Story of the First Australians", Sydney: Allen and Unwin, 2013.

② 韩振华:"元朝有关澳洲的几个地名名称风土人情的记述",载《中国与东南亚关系史研究》,广西人民出版社1992年版;廖大珂:"略论早期中国人对澳洲的认识",《社会科学战线》2000年第3期,第165—171页。

③ 英语"Australia"一词,最早由英国牧师兼作家、英国海外殖民活动的鼓吹者理查德·哈克卢特(1552—1616年)从西班牙语"Austrialia del Espíritu Santo"(圣灵的南方之地)转化而来。该内容收录在英国1625年出版的、由教士兼作家塞缪尔·珀切斯编纂的《珀切斯游记》中。

民地，分别是新南威尔士（1788年）、西澳大利亚（1832年）、南澳大利亚（1836年）、维多利亚（1851年）、塔斯马尼亚（1856年）、昆士兰（1859年）。起初，英国政府主要把澳大利亚当作犯人的流放地①，然而，自1851年新南威尔士巴瑟斯特发现金矿引发了淘金热后，澳大利亚在19世纪英国主导的资本主义世界经济体系中的价值逐渐被外界认知，吸引了英国和其他国家的淘金者、投资者、技术人员、农民等蜂拥前往进行开发。许多像查尔斯·狄更斯笔下的米考伯先生那样在本国永无出头之日的英国人，到了澳大利亚即摇身一变，成了有身份、有地位、受尊敬的人。② 随着一座座城镇拔地而起，一条条铁路蜿蜒伸展，满载货物和旅客的船只在港口进进出出，澳大利亚作为罪犯流放地的功能逐渐淡化，作为世界经济体系中原料供应地的功能日益凸显。

在这个过程中，原住民的土地被白人殖民者巧取豪夺，他们的反抗遭到了殖民者的严厉镇压，原住民文化被迫"同化"于欧洲文化，原住民人口也因为殖民者的残酷虐杀以及对来自欧洲的疾病缺少免疫力而急剧减少。来自英伦三岛的白人迅速取代原住民，成为了澳大利亚的主导者。③

---

① 1836年建立的南澳大利亚殖民地，从一开始就是英国自由民的殖民地，不承担罪犯流放地的功能。

② 米考伯先生是19世纪英国文学家查尔斯·狄更斯的长篇小说《大卫·科波菲尔》中的一个有正义感的小人物，由于不能适应资本原始积累阶段英国社会的尔虞我诈，落得几无立锥之地，然而移民澳大利亚之后却时来运转，当上了殖民地的法官。

③ Henry Reynolds, "Dispossession: Black Australians and White Invaders", Sydney: Allen and Unwin, 1989; Judy Campbell, "Invisible Invaders: Smallpox and Other Diseases in Aboriginal Australia 1780–1880", Melbourne: Melbourne University Publishing, 2002.

三、半独立国家

19世纪后期，随着澳大利亚各殖民地之间的经贸、交通、通信联系日益紧密，土生白人在数量上超过了迁入白人，澳大利亚本土意识逐渐强烈了起来，由澳大利亚人治理澳大利亚的政治诉求随之高涨[1]。而英国忙于应对新兴帝国主义列强的竞争，特别是德国在欧洲对自己构成的战略压力，对继续把远在太平洋的澳大利亚攥在手里颇感力不从心。经过了长达10年的讨价还价，英国政府最终同意澳大利亚成立半独立国家，内政和外贸实现自主，外交和国防受制于伦敦。1901年，澳大利亚六个殖民地以六个州的身份，组成了澳大利亚联邦，先以墨尔本为临时首都，后来选择在堪培拉建都，围绕新首都建立了首都领地。1911年又将南澳大利亚北部划出了一块，建立了北方领地，也是唯一一块原住民的民族自治区域。

建国之后，澳大利亚的国际身份是"大英帝国""英联邦"的自治领[2]。直到20世纪80年代才得到了全部实际意义上的主权，而这一过程也是英国逐渐走向衰落、沦为新兴霸权国家美国同盟体系一员的过程。

---

[1] D. M. Gibb, "National Identity and Consciousness", Melbourne: Thomas Nelson, 1982, pp. 33, 79.

[2] 1878年，英国女王维多利亚一世正式采用"大英帝国"作为英国本土、海外殖民地、属地、自治领等的共同国名。在其鼎盛时期，"大英帝国"一度覆盖世界24%的土地面积，成为真正的"日不落帝国"。1926年，对维系殖民体系感到力不从心的英国，宣布在"大英帝国"疆域内组建"英联邦"，赋予各成员国平等的地位。1947年，英王乔治六世取消"大英帝国"国名。

四、从依附英国转向依附美国

整个 20 世纪，世界秩序发生了天翻地覆的变化。经过 20 世纪上半叶的两次世界大战，近代欧洲列强建立的殖民主义世界体系在 20 世纪下半叶彻底土崩瓦解，与此同时，以美国为首的资本主义阵营和以苏联为首的社会主义阵营，进行了长达近半个世纪的冷战，为欧洲之外众多地区的"战争与革命"提供了催化剂。20 世纪末苏联解体后，美国谋求填补其遗留的战略真空，于世纪之交积极构建由其主导的单极世界秩序，客观上为经济全球化进程提供了助力，同时制造了地区战争与"颜色革命"。

20 世纪上半叶，澳大利亚把自身的安全同捍卫英国的世界霸权相捆绑，在一战中作为英国的属国加入了协约国集团，对同盟国集团作战。二战爆发后，澳大利亚又站在英国及其盟国一方，同德国、意大利、日本法西斯在多个战场作战。日本发动太平洋战争后，澳大利亚因本土受到攻击，不得不把兵力从其他战场抽调回来保家卫国，且迫不及待地投入了美国西南太平洋战区司令部的麾下。在太平洋夺岛、驱逐日军出东南亚、欧洲诺曼底登陆等作战中，澳军都充当了美军和盟军的得力帮手。

在战时结盟的基础上，澳大利亚在战后加入了由美国参与塑造或主导的国际体系和军事同盟，成为了联合国、国际货币基金组织、世界银行、关税及贸易总协定（1995 年改组为世界贸易组织）、亚太经济合作组织（简称"亚太经合组织"）的成员国，加入了名为"五眼联盟"的美国、英国、澳大利亚、新西兰、加拿大五国情报共享组织、美国—澳大利亚—新西兰条约组织，以及存在于1955—1977年的东南亚条约组织，从此把自身的福祸安危与美国的霸权牢牢捆绑在了一起。从二战结束至今，近80年中，澳大利亚参加了美国挑起或卷入的几乎所有区域性战争，包括朝鲜战争、越南战争、海湾战争，以及在阿富汗、伊拉克、叙利亚进行的反恐战争。美国则把澳大利亚视为在亚太地区维护其霸权的重要帮手之一，澳大利亚在协助美国抵御反西方势力向南太平洋和东南亚地区渗透的过程中，也构建了太平洋岛国和一些东南亚国家对澳大利亚的政治、经济、技术、安全和文化依赖关系，成为了一个得到美国默许的区域"小霸"。[①]

鉴于澳大利亚原来的宗主国英国已经是美国的重要盟国，美国自然不反对澳大利亚继续留在英联邦中，也不反对澳大利亚参加由英国发起组建的澳新英部队和五国联防组织。[②] 自英国于20世纪70年代初从苏伊士以东地区撤回驻军，且日益把战略聚焦向欧洲收缩后，澳大利亚在安全上更加依靠美国。

五、对移植问题的本土化应对

澳英美三国相互结盟，三国人民又同文同种，来自英美及其影响所及的区域的资本、技术、人才、思想、经验，与澳大

[①] 张绍兵："冷战视野下的科伦坡计划——以澳大利亚为中心"，《历史教学问题》2017年第2期，第28—34页。

[②] 澳新英部队是由英国、澳大利亚、新西兰三国于1971年组建的驻扎在东南亚的联合部队，于1974年解散。"五国联防"是英国、澳大利亚、新西兰、马来西亚、新加坡五国在1971年结成的军事同盟组织，至今仍然存在，是美国亚太军事同盟体系的补充。

利亚本土的资源和智慧结合在一起,为澳大利亚建立英美式的资本主义政治经济文化制度、跻身于西方发达国家俱乐部奠定了基础。

与此同时,英美社会的固有矛盾也向澳大利亚传导,包括资本主义社会的基本矛盾、资本主义不同治理模式之间的矛盾、西方文明内部的矛盾、西方文明与其他文明的矛盾等,成为澳大利亚政治的主要内容,而澳大利亚独特的环境又影响了这些矛盾的因应方式。譬如,为处理资本主义社会的基本矛盾,澳大利亚工会组织选择了议会斗争的道路,澳大利亚资产阶级对国家干预市场、国有企业、转移支付等做法的接受程度,则高于英美资产阶级。为处理西方文明与其他文明的矛盾,澳大利亚长期实行排斥其他文明的"白色澳大利亚政策"(简称"白澳政策"),一直到20世纪60年代末,才在国际大环境和本土小气候的共同影响下改奉多元文化政策,但是白人与原住民和非欧洲移民的种族矛盾仍然时隐时现。[1]

六、亚洲机遇中的西方国家

从20世纪60年代开始的世界经济重心东移的历史进程,在冷战结束后伴随着经济全球化和区域一体化的发展潮流大为加速,世界也因此经历着多极化趋势和美国推动的单极化趋势的相互角力。日本、韩国、新加坡、中国、印度等亚洲国家,借助经济全球化和区域一体化的形势先后实现了经济腾飞,拉动世界经济重心逐渐向亚洲转移,为地处太平洋中的澳大利亚

---

[1] Mark Lopez, "The Origins of Multiculturalism in Australian Politics 1945-1975", Melbourne: Melbourne University Press, 2000.

带来了巨大机遇，澳大利亚的主要贸易伙伴，逐渐从欧洲国家转向了亚洲国家。随着澳大利亚的经济繁荣越来越取决于对亚洲市场的开拓以及对亚洲资本、人才、技术的利用，澳大利亚也日益陷入了固有的欧洲文化认同与新兴的多元文化认同、西方阵营意识与支持世界多极化之间的矛盾之中。

第三节　人口构成

在澳大利亚联邦成立的1901年，澳大利亚的人口总数为3788123人。[①] 2021年5月2日堪培拉时间下午12点33分23秒，根据澳大利亚政府统计局网站上的"人口钟"显示，澳大利亚人口总数为25771296人[②]，120年间增长了约5.8倍。但是在世界范围内比较，澳大利亚仍然是一个地广人稀的国家，而且人口在全国分布不均匀，多聚集于东南部沿海地区。[③]

作为移民国家，澳大利亚种族来源多样，这与澳大利亚独

---

① 1901年人口统计不包括澳大利亚原住民。参阅Australian Bureau of Statistics, "Australian Historical Population Statistics, 2014", https://www.abs.gov.au/AUSSTATS/abs@.nsf/DetailsPage/3105.0.65.0012014? OpenDocument。

② 澳大利亚政府统计局于2020年9月30日开设"人口钟"，以当天估计的居民总数为基础，按照如下规律进行测算：每1分钟43秒生1人，每3分钟13秒死1人，每3分钟22秒有1人移居澳大利亚，每2分钟48秒有1人移居海外，从而测算出全国总人口每4分钟47秒增加1人。数据与全国、州、领地公布的人口数据一致。参阅https://www.abs.gov.au/ausstats/abs%40.nsf/94713ad445ff1425ca25682000192af2/1647509ef7e25faaca2568a900154b63? OpenDocument。

③ Australia Bureau of Statistics, "Reginal Population: Statistics about the Population and Components of Change (Births, Deaths, Migration) for Australia's Capital Cities and Regions", https://www.abs.gov.au/statistics/people/population/regional-population/2019-20.

特的历史进程息息相关。

欧洲人到来之前,澳大利亚是原住民的栖息地,在纳入了英国殖民统治的一个多世纪里,原住民的生存空间被严重压缩,欧洲传来的疾病和殖民者的暴行使原住民人口锐减。时至今日,在澳大利亚总人口数量不断增长的大背景下,原住民已沦为了故土上的少数民族,只占全国人口数量的3.3%。①

从1788年英国人在澳大利亚建立第一个殖民点至二战时期,绝大多数移居澳大利亚的人来自英伦三岛,成为把英国社会制度和生活方式移植到澳大利亚的主要载体。

19世纪一度还有大量新移民涌入澳大利亚,投身于新大陆的开发中,不过在1901年至20世纪60年代末,澳大利亚联邦实行"白澳政策",对非欧洲移民关上大门。

二战后的几十年里,澳大利亚接收了大批来自欧洲各地的移民,其中,来自南欧和东欧的移民数量增幅最大。自20世纪60年代后期澳大利亚改奉多元文化政策以来,对世界各地的移民敞开了怀抱,进入21世纪后,亚洲上升为澳大利亚最大的移民来源地,其中,印度和中国移民数量增长最快。

如今,移民占澳大利亚总人口的30%,澳大利亚位列世界第八大移民国家。2018—2019年,澳大利亚接纳了160323名永久移民(不含难民),其中大多数是熟练工及其家庭成员。

---

① Australia Bureau of Statistics, "Estimates of Aboriginal and Torres Strait Island Australians", https://www.abs.gov.au/statistics/people/aboriginal-and-torres-strait-islander-peoples/estimates-aboriginal-and-torres-strait-islander-australians/latest-release.

不过澳大利亚也设有难民入籍的通道①。

表 1-1　2010—2020 年澳大利亚十大人口出生地（单位：万人）

出生地	2010 年	2015 年	2020 年
英国	985.09	1006.54	980.36
印度	329.51	449.04	721.05
中国	371.55	508.87	650.64
新西兰	517.78	575.43	564.84
菲律宾	183.77	241.13	310.05
越南	203.77	235.59	270.34
南非	155.95	177.39	200.24
意大利	204.69	198.51	177.84
马来西亚	129.88	143.42	177.46
斯里兰卡	96.48	119.7	146.95

资料来源：Australia Bureau of Statistics, "30% of Australia's Population Born Overseas", https://www.abs.gov.au/media-centre/media-releases/30-australias-population-born-overseas。

人口结构的变化自然会给澳大利亚的文化特征带来影响。虽然澳大利亚联邦不设官方语言，但是自殖民时期以来，英语一直是澳大利亚事实上的官方语言。根据 2016 年的人口普查，72.7% 的澳大利亚人居家使用的第一语言是英语，第二大语言

---

① Australian Government Department of Home Affairs, "2018-19 Migration Program Report", pp.9-11.

是汉语（普通话）（2.5%），其后依次是阿拉伯语（1.4%）、汉语（粤语）（1.2%）、越南语（1.2%）、意大利语（1.2%）。相当一部分第一代和第二代移民掌握双语。①

澳大利亚不设官方宗教，但是自殖民时期以来，基督教便是澳大利亚的主要宗教。历史上，基督教会在澳大利亚的教育、卫生、福利事业发展中，发挥了不可或缺的作用，至今仍有很大的影响力。在基督教内部，新教中的英国教会长期稳居最大宗教派别的宝座，如今改称为澳大利亚圣公，而天主教的影响力仅次于英国教会。不过时至今日，天主教业已超越澳大利亚圣公会，成为基督教信徒数量最多的教派。

自二战以来，随着移民的文化背景日趋多元，基督教的影响力总体在下降，伊斯兰教、佛教、印度教、锡克教、犹太教的影响力稳步上升。当然，与其他西方国家的趋势一样，不信教的人数更是呈上升趋势②。根据澳大利亚政府2016年的人口普查数据，基督徒占全国人口的52.1%，其中22.6%为天主教徒，13.3%为圣公会教徒；8.2%的人口认同基督教之外的其他宗教，其中最多的是伊斯兰教（2.6%），之后是佛教（2.4%）、印度教（1.9%）、锡克教（0.5%）和犹太教

---

① Australia Bureau of Statistics, "Cultural Diversity in Australia: 2016 Census Article", https://www.abs.gov.au/ausstats/abs@.nsf/Lookup/by+Subject/2071.0~2016~Main+Features~Cultural+Diversity+Article~60.

② Australia Bureau of Statistics, "Religion in Australia: 2016 Census Data Summery", https://www.abs.gov.au/ausstats/abs@.nsf/Lookup/by%20Subject/2071.0~2016~Main%20Features~Religion%20Data%20Summary~70.

(0.4%)，没有宗教信仰的人口占30.1%。①

第四节 政治制度

历史原因导致澳大利亚的政治制度呈现为英国君主立宪制与美国联邦制的混合体。

一、君主

根据澳大利亚联邦宪法，澳大利亚奉英国君主为国君，目前在位的英国国王查尔斯三世也是澳大利亚国王，同时他还是澳大利亚立法机构成员。不过，其对澳大利亚的统治只限于仪式。

二、总督

宪法规定，在君主常驻国外的情况下，澳大利亚由君主的代表总督行使治权，包括指挥三军、任免官员、批准法案、授权选举等。

不过，总督行使上述权力，都要由联邦执行委员会先提出建议。虽然总督是该委员会的名义领袖，但是鉴于联邦执行委员会的其他成员同时也是政府的高级成员，而总理是政府首脑，因此决定总督能不能行使上述权力的人实际上是总理。不

---

① Australia Bureau of Statistics, "Religion in Australia: 2016 Census Data Summery", https://www.abs.gov.au/ausstats/abs@.nsf/Lookup/by%20Subject/2071.0~2016~Main%20Features~Religion%20Data%20Summary~70.

仅如此，英国君主任免总督只是履行程序，必须先由总理向君主提出任免建议。因此，决定总督人选的是总理。

不过，在政府丧失议会信任而新政府又难产的情况下，总督有权解散议会，也有权任命新的政府。1975年澳大利亚爆发宪法危机，总督约翰·柯尔爵士解除了执政的工党领袖高·惠特拉姆的总理职务，任命反对党领袖马尔科姆·弗雷泽为看守总理，不久又解散参众两院，提前举行选举。

自澳大利亚成立至2022年，先后有28人担任总督，其中还有一位是女总督。总督无固定任期，在位最长者9年，最短者一年零一天，比较常见的是5年左右。早期的总督多为英国贵族。自1989年起，总督都在澳大利亚出生、具有澳大利亚公民身份，他们担任总督之前，已经身居政界、军界、法律界、宗教界、学界的高位。现任总督是萨曼莎·莫斯廷。

三、联邦议会

联邦议会是联邦的立法机构，实行两院制，设有参议院和众议院。其中，参议院设76席，众议院设151席。

众议院一般每三年改选一次，赢得多数席位的政党成为联邦的执政党，其党首自动当选为总理，有权组建行政班子，即内阁。未能赢得众议院选举的最大党派，成为议会中的反对党，其党首可按照内阁的设置，从本党籍的议员中选拔人员组建影子内阁，预先为将来上台执政做准备。这样一来，议员就有了等级。执政党和反对党的领袖、政府内阁以及影子内阁中有官职的议员，其座位靠前，称为前座议员；而普通议员座位靠后，称为后座议员。

与英国两院制议会制度不同的地方是，澳大利亚参众两院拥有几乎同等的立法权，执政党想要把自己的政治主张上升为国家法律，必须在参众两院都获得多数票。然而，由于执政党往往很难在选举中同时成为参议院的多数党，因此必须通过与反对党达成妥协，或者争取中立议员的支持，才能让自己的法案获得通过。如果两大相互竞争的政党在众议院选举中旗鼓相当，出现了悬浮议会现象，这个时候中立议员的向背就变得极为关键。所谓中立议员，指的是执政党和反对党之外的小党议员或无党籍议员，他们也许在某些政策上赞同执政党，在另一些政策上赞同反对党，是执政党和反对党都争取的对象。

参众两院还有一些常设的或临时组建的委员会，主要功能是召集听证会，审议行政部门的提案，对行政部门的工作进行评议、质询，在此基础上形成报告，提出相应的建议。

四、总理、副总理

总理由执政党党首担任，其领导的政府对议会负责。总理无固定任期，不过，只要出现下列两个情况中任何一个，总理任期就会结束：一是总理所在的政党在众议院选举中失去多数党地位，二是总理的政党决定更换党首。不过，在一般情况下，由于众议院每三年举行一次选举，三年自然而然成了总理的任职周期。

宪法赋予总理的权力包括任命政府官员、通过总督要求议会休会或解散议会、决定联邦选举日期、对外宣战媾和等。作为惯例，总理还可以建议君主任免总督。

一般来说，澳大利亚总理往往会兼任一两个部的部长。但是2018—2022年担任总理的斯科特·莫里森下台后被发现其居然在任内秘密任命自己为五个部的部长。他为此受到了审查，总检察长的调查报告对总理兼任多个部的部长不持异议，但认为莫里森不向内阁、国会和公众告知自己兼职的行为需要追究。

从澳大利亚成立至2022年，先后有31人担任总理，其中女性1人。任期最长的是罗伯特·孟席斯，他第二次当选总理后连续执政超过了17年（1949—1966年），任期仅次于孟席斯的是约翰·霍华德，连续执政超过了11年（1996—2007年）。现任总理是工党党首安东尼·阿尔巴尼斯，任期始于2022年6月。

政府的二号人物是副总理，宪法赋予副总理在总理出国或因病不能履职的情况下代行其职。副总理由总督根据总理的建议任免，担任此职者必须是内阁成员，在担任副总理的同时往往兼任一个或多个部的部长。按照惯例，执政党的副党首是副总理的不二人选，但是执政的如果是一个政党联盟，结成联盟的两个党都有各自的党首，那就需要两党进行协商，决定究竟谁任正职、谁任副职。如今，只要是工党组建的政府，总理为工党党首，副党首为副总理；如果是联盟党组建的政府，则是自由党党首担任总理，国家党党首担任副总理。

五、内阁

由政府各部部长组成的、受总理领导的内阁，对议会负责。各部部长主要从当选议员中挑选，非议员须在就任部长后三个月成为议员。内阁各部的数量、名称和职能，会随着政府

第一章　大洋中的国度　◇

换届发生一些变化，一些部门被增加或裁撤，一些部门被合并。除各部之外，还根据治理的需要，围绕特定议题设立一些跨部门的内阁委员会。

表1-2　斯科特·莫里森政府的跨部门委员会

名称	主席，副主席	部级和部级以上成员
国家安全委员会	总理，副总理	司法部长、国库部长、外交贸易部长、国防部长、移民边境保卫部长
开支审查委员会	总理，国库部长	副总理、财政部长、税收金融服务部长、社会服务部长、卫生部长
数字转化委员会	总理，通信与文艺部长	工业创新科学部长、财政部长、税收金融服务部长、卫生部长、人类服务部长、移民边境保卫部长、城市和数字转化部副部长
国家基础设施委员会	总理，副总理	国库部长、财政部长、基础设施和交通部长、城市基础设施部长、地区发展部长、地区通信部长、地方政府和领地事务部长、城市和数字转化部副部长
原住民政策委员会	总理，原住民事务部长	司法部长、妇女部长、就业部长、基础设施和交通部长、社会服务部长、卫生部长、教育培训部长、健康和老年护理部副部长

· 17 ·

◇ 21世纪澳大利亚的变局与探索

续表

名称	主席，副主席	部级和部级以上成员
创新与科学委员会	总理，工业、创新和科学部长	副总理、国库部长、外交贸易部长、国防工业部长、卫生部长、教育培训部长、环境能源部长、工业创新科学部副部长
议会事务委员会	众议院议长，参议院政府领袖	参议院政府事务主管、众议院副议长、总理事务部副部长
服务提供与协调委员会	移民和边境保卫部长	地区发展部长、地区通信部长、地方政府和领地事务部长、总理事务部副部长、特别国务部长、工业创新科学部副部长
治理委员会	总理，副总理	外交贸易部长、司法部长

资料来源：笔者根据澳大利亚政府网站资料自制。

六、国防与执法体系

总督虽然是名义上的国防军总司令，但是国防政策的实际决定权在总理，协助总理制定国防政策的机构是澳大利亚国防组织，由国防部长和国防军司令共同领导。国防军司令是国防部长的首席军事顾问，根据国防部长的指令指挥三军。国防部长是文职，任期受制于政府换届；国防军司令是最高级别的武职，职能类似于美国的参谋长联席会议主席，任期不受制于政府换届。

建国后，澳大利亚设立了海陆空三个军种，即皇家海军、皇家陆军、皇家空军，但彼此自成一体，互不统属。直到1976年政府成立澳大利亚国防军，才将三个军种纳入统一的指挥体系。2015年又组建了澳大利亚边防部队,隶属于内政部,主要是防止非法移民入境。国防军的首要任务是保卫澳大利亚的陆地和海疆,此外,还要在海外履行盟国义务、执行联合国维和任务、发挥地区影响力。2020年,在澳大利亚大陆以外执行任务的澳大利亚军人分散在东北亚、东南亚、中东、非洲、西南太平洋和南极等地区,其中,在阿富汗、伊拉克的澳军人数最多,主要任务是打击极端组织、维护地区秩序、培训盟国军人。[①]

澳大利亚联邦警察局隶属于司法部,主要是在联邦层面承担维护国家安全和社会治安的职能,包括参加国际维和行动、打击跨国犯罪、保护政要和外交使团的人身安全、维持全国机场的安保工作等。

为国防和执法活动提供情报支持的是两个情报共同体,即澳大利亚情报共同体和国家情报共同体。前者由隶属于总理内阁部、内政部、国防部、外交贸易部的六家机构组成;后者由内政部管辖的四家机构组成。这些情报机构的最高管理和协调机构是内阁下属的国家安全委员会。

七、司法体系

澳大利亚高等法院是联邦最高法院,拥有宪法解释权,有权审查联邦、州、领地立法机构通过的法案,也拥有案件的终审权。在联邦高等法院之下还设有联邦法院、家庭法法院、产业关系法院、联邦行政法院等专门法院。州和领地都有各自的

[①] Australian Department of Defense, "Defense Annal Report: 2019-20", 2020.

◇ 21世纪澳大利亚的变局与探索

最高法院，对本州、本领地拥有不受限制的司法权限，其下设有中级法院、简易裁判权法院、死因裁判法院等。联邦、州、领地的最高法院法官，分别由联邦、州、领地的行政机构任命，法院系统无权干涉法官任命。联邦的法官一经任命，不到70岁的任职年限很难被解职，除非是参众两院基于其违法乱纪的确凿证据要求总督对其行使罢免权。

八、行政区划

澳大利亚实行三级行政区划，联邦是最高级，组成联邦的州和领地是中间级，州和领地之下的地方是最低级，市和郡都属"地方"这一级。

州的领导人是州长，角色类似于联邦的总督，州的行政机构负责人是州总理，州长由州总理向君主推荐。领地的领导人是行政长官，领地的行政机构负责人是首席部长，行政长官由首席部长向君主推荐。

联邦、六个州、首都领地、北方领地、诺福克岛，各有自己的宪法，均按"三权分立"原则，设立法、行政和司法机构。各州与首都领地、北方领地在联邦众议院中有代表席位，领地的代表席位少于州。

除外交、国防、关税、消费税须听命于联邦外，六个州、首都领地和北方领地，享受充分自治，包括自主决定与外国政府签署经贸合作协定。一般情况下，联邦不能像上级对待下级一样给州和领地下命令，而须通过澳大利亚政府间委员会与之进行政策协调。2020年，国民内阁取代了政府间委员会的职能。除了通过国民内阁，联邦还有其他途径影响州和领地的决策,譬如联邦高等法院有权推翻州和领地高等法院的裁决,联邦现行的劳资关系法适用于全国,政府也可以以"国家安全"为由宣布州和领地政府的特定决策无效,或通过为后者提供财政拨款向其施加影响。联邦还可以直接对一些外在领地行使司法管辖权,或对其公共设施进行管理。所谓"外在领地",指的是远离澳大利亚大陆的澳大利亚领土,皆为岛屿。

表1-3 澳大利亚的州与主要领地

州/领地	首府	人口(人)	面积(平方公里)	议席(个)
首都领地	堪培拉	431215	2358	3
新南威尔士州	悉尼	8166369	809952	47
昆士兰州	布里斯班	5184847	1851736	30
塔斯马尼亚州	霍巴特	541071	90758	5
维多利亚州	墨尔本	6680648	237657	38
西澳大利亚州	珀斯	2667130	2642753	16
南澳大利亚州	阿德莱德	1770591	1044353	10
北方领地	达尔文	246500	1419630	2

资料来源:笔者根据澳大利亚政府统计局资料制作。

第五节 经济文化

在当今世界经济秩序中,澳大利亚位列世界第十三大经济体①，其成年人的人均财富长期位列世界第二，2018年其人均财富中位数跃居世界第一②。

澳大利亚是世界资源产出和出口大国。2019年，澳大利亚是世界铁矿石、铝矾土、蛋白石的最大产出国；金、铅产量位居世界第二；锌、钴、铀产量位居世界第三。③ 总部位于墨尔本的跨国矿业企业必和必拓公司，是世界最大的采矿企业，与巴西淡水河谷公司、英国力拓集团并称"世界铁矿石三巨头"，采矿业的产出占澳大利亚国内生产总值的5.8%④。2019年澳大利亚对外出口的前十类产品和服务，资源类产品占了七项，份额占了全部出口的半壁江山⑤。

虽然澳大利亚是世界上最干旱的国家之一，但是得益于很早就重视灌溉系统建设和旱地农业技术发展，因此成功转变为世界农产品出口大国。2018年，澳大利亚是世界上最大的黄豆生产国、第二大鹰嘴豆生产国、第四大燕麦与大麦生产国、第五大油菜籽生产国⑥。澳大利亚全国都养牛，是世界牛肉供应大国。农林渔业总计占澳大利亚国内生产总值的2.8%。⑦

像所有发达经济体一样，服务业在澳大利亚经济结构中的

---

① 根据国际货币基金组织对世界各国国内生产总值的排名。

② Anthony Shorrocks, Jim Davis and Rodrigo Lluberas, "Global Wealth Report 2018", Oct. 2018, p. 7.

③ 参阅美国地质调查局相关数据。

④ Australian Department of Industry, Science, Energy and Resources, "Industry Insights: Flexibility and Growth 1/2018", Dec. 2018, p. 26.

⑤ Australian Department of Foreign Affairs and Trade, "Trade and Investment at a Glance 2020", pp. 18 – 19.

⑥ 参阅联合国粮食及农业组织相关数据。

⑦ Australian Department of Industry, Science, Energy and Resources, "Industry Insights: Flexibility and Growth 1/2018", Dec. 2018, p. 27.

比重最大，占国内生产总值的62.7%，从业人员占全国劳动人口的78.8%。[1]

其中，金融业在澳大利亚经济中份额最高，占国内生产总值的8.8%。[2] 位于悉尼的澳大利亚证券交易所是世界第十大证券交易所，也是亚洲最大的利率衍生品市场[3]。澳大利亚四大银行——澳大利亚联邦银行、澳大利亚国民银行、澳新银行、西太平洋银行，位列世界五十大最安全的银行之列。2010年，澳元取代瑞士法郎，成为世界第五大流通货币，位居美元、欧元、日元、英镑之后。目前，澳元是太平洋岛国基里巴斯、瑙鲁、图瓦卢的官方货币，是巴布亚新几内亚、所罗门群岛、汤加、瓦努阿图、法属新喀里多尼亚、冈比亚、津巴布韦等国的流通货币。

旅游业也是服务业的一大支柱，在2019年为澳大利亚创造了446亿澳元的收入。中国、新西兰、美国、英国、日本是澳大利亚旅游业的五大国际市场。

澳大利亚制造业在国民经济中的比重一直不高，峰值在20世纪60年代，占国内生产总值的25%，此后一路下滑，2017年跌落至5.8%。[4] 目前，澳大利亚制造业涵盖的领域主要有制铝、制铜、制镍、制铅、制漆、造纸、制药、医疗器材、化

---

[1] Australian Department of Industry, Science, Energy and Resources, "Industry Insights: Flexibility and Growth 1/2018", Dec. 2018, pp. 25 - 27.

[2] Australian Department of Industry, Science, Energy and Resources, "Industry Insights: Flexibility and Growth 1/2018", Dec. 2018, p. 26.

[3] 澳大利亚证券交易所网站，https://www2.asx.com.au/about/asx - shareholders。

[4] Australian Department of Industry, Science, Energy and Resources, "Industry Insights: Flexibility and Growth 1/2018", Dec. 2018, p. 26.

妆品、测量分析设备、土木工程设备、专用机械、造船、汽车零部件、计算机、通信设备、航空航天设备等。① 美国资本对澳大利亚制造业投资占比较大，远超日本和西欧一些国家的投资。

有强大的经济实力做后盾，澳大利亚建立了一个覆盖面广泛的社会保障体系，包含了新生儿补助、育儿补贴、儿童保育福利、孤儿抚恤金、青少年津贴、学习津贴、失业救济金、残疾人抚恤金、疾病补贴、养老金等要素，为公民提供"从摇篮到坟墓"的保障。这样一个社会保障体系对缓和澳大利亚的阶级矛盾、增强多民族国家的凝聚力起到了至关重要的作用。但是自20世纪80年代以来，无论是中左政府还是中右政府，都大力推行新自由主义经济政策，以削减政府规模、节省政府开支为名，对社会保障体系进行改革，削减社会保障投入、提高享受保障的门槛、压缩受益者群体，致使一度得到缓和的贫富悬殊问题再一次变得突出起来。

此外，澳大利亚还是一个科技和文化强国。以澳大利亚国立大学、墨尔本大学、昆士兰大学、阿德莱德大学、莫纳什大学、西澳大利亚大学、新南威尔士大学、悉尼大学八所大学为代表的澳大利亚高等院校，长期在"泰晤士高等教育世界大学排名""国际高等教育研究机构世界大学排名"等国际权威排名中，处于150所世界顶级大学之列②。外国留学生占澳大利

---

① Australian Department of Foreign Affairs and Trade, "Trade and Investment at a Glance 2020", p. 30.

② 参阅泰晤士高等教育世界大学排名、国际高等教育研究机构世界大学排名相关资料。

亚人口的比重,高于世界其他国家①,其中相当比重的人学成后选择在澳大利亚定居。自建国至今,澳大利亚共有13人获得诺贝尔奖,涵盖了物理学、医学、生理学、化学、文学等领域。在科技领域,澳大利亚在免疫学、器官移植、微生物学、核聚变与等离子研究、太阳能利用等方面,处于世界领先地位。虽然如此,澳大利亚科技产业化却因资本青睐于资源部门而发展受限。

此外,值得一提的还有横跨美欧澳三洲、在西方舆论场呼风唤雨的"默多克新闻帝国",最初也是在澳大利亚发展起来的。

虽然有上述种种成就,但是澳大利亚的文化、教育资源分配并不均等,塔斯马尼亚州以及其他非欧裔人口居多的地区,文盲率较高。②

第六节 国际地位

澳大利亚是一系列国际和地区组织的成员,在国际层面是联合国、二十国集团、国际货币基金组织、世界贸易组织、英联邦等组织的成员国,在地区层面,是亚太经济合作组织、东盟"10+6"、太平洋岛国论坛等组织和多边机制的成员国,在西方层面是"五眼联盟"、五国联防组织、美日印澳"四边机

---

① "Australian Universities Double down on International Students", Macrobusiness, Nov. 1, 2019, https://www.macrobusiness.com.au/2019/11/australian-universities-double-down-on-international-students/.

② "A Literacy Deficit", Australian Broadcasting Cooperation, Sep. 22, 2013.

制"、"奥库斯"集团等的成员国,不过并不处在西方阵营塔尖的七国集团之列。通过上述国际和地区组织,澳大利亚可以对世界和地区事务施加影响,也需要履行作为成员国的责任。不过在这些组织中,澳大利亚的地位和责任各不相同,只在太平洋岛国论坛有主导权,因为澳大利亚的经济和技术支持是该组织存在的关键因素。澳大利亚不仅参与美国领导的反恐战争、承担联合国维和任务、为"印太"地区友邦的安全提供军事协助,还向一些发展中国家提供发展援助,重点援助与自己相邻的太平洋岛国和部分利益攸关的东南亚国家。

此外,澳大利亚吸收来自世界各国的移民,也导致其在特定议题上能对太平洋地区之外的国家产生某种影响。2021年,全球知名商业杂志《CEOWDRLD》基于包括政治家、商业领袖在内的28.06万名专业人士,就军力、同盟、领导力、国际贸易、经济实力、外交影响力、媒体影响力等方面对各国影响力综合打分,公布了全球最有影响力二十国排名,澳大利亚名列第十七,居瑞士之后、荷兰之前。[1]

澳大利亚的军费开支占国内生产总值的1.6%,居世界各国军费开支第十位,这笔费用支持着一支在世界军力排名中位居第十九、在亚太地区军力排名中位居第九的武装力量。[2] 澳军武器库以常规武器为主,且偏于老旧,尖端武器少,国产化率低,大多武器不是从美国或西欧国家购入,就是与之合作生产,特别在设计上依赖"外脑",国产的主要是弹药和小型武

---

[1] "Ranked: Most Influential Countries, 2021", CEOWORLD, Feb. 10, 2021, https://ceoworld.biz/2021/02/10/ranked-worlds-most-influential-countries-2021/.

[2] "Global Firepower Index 2021", https://www.globalfirepower.com.

器。但是就发展趋势来说，澳军会越来越重视武器的多兵种通用性和智能化、网络战以及空天平台对接。隶属于国防部的国防科技集团，聚焦于武器系统的智能化升级，也很重视与西方盟国在军用技术研发上开展合作，该集团在华盛顿、伦敦、东京都设有常驻机构[①]。

澳大利亚是《不扩散核武器条约》《禁止生物武器公约》《禁止化学武器公约》的缔约国，根据对上述条约的承诺，不谋求拥有核武器和生化武器，但是2021年9月15日澳英美三国宣布结成"奥库斯"集团，美英承诺助澳建设核动力潜艇部队。

---

① 参阅澳大利亚国防部网站（www.defence.gov.au）、国防新闻网（www.defensenews.com）、空军2021网站（https：//airforce2021.airforce.gov.au/）、航空商讯网（www.businessairnews.com）、国防连线网（www.defenceconnect.com.au）、《陆军战士新闻报》、《国防科技评论》等公布的相关信息。

第二章　执政党与反对党

第一节　政党政治

早在 20 世纪初，澳大利亚就形成了中左翼政党工党与中右翼政党联盟轮流执政的格局。

工党成立于 1891 年，历史比联邦还要悠久，是澳大利亚工人运动的产物，也是工人运动中左势力的政治代表。早期的工党主要反映信奉天主教的爱尔兰裔城市蓝领工人的利益，主张民主社会主义，也就是在不彻底取消私有制的条件下，通过议会斗争，让工人参与国家管理。工党曾经为澳大利亚跻身于高福利国家之列作出过重要贡献，但也具有浓厚的白人种族主义色彩，政策上反对自由贸易和对非欧洲移民开放边界。但是自 20 世纪 60 年代以来，面对经济全球化和新技术革命带来的变局，工党的阶级色彩和种族色彩极大淡化，在鲍勃·霍克和保罗·基廷执政时期（1983—1996 年），工党政府大力施行新自由主义政策，鼓励自由贸易、将国有企业私有化、减少政府干预市场、对非欧洲移民开放国门。进入 21 世纪，工党在陆克文领导下探索走"第三条道路",就是兼顾效率与公平,既维护市场经济的活力,又主张政府发挥规则制定者、资金提供者和公共产品供应者的作用来调节市场带来的不平衡。如今,工党的发展趋势是通过把自己塑造成"全民党"来吸引选民①。

今日工党的主要竞争对手是联盟党,一个由自由党和国家党组成的中右政党联盟。这个联盟的中坚力量是信奉新教、拥有英国血统的资产阶级。

在联盟党中,国家党成立于1918年,先后使用过不同名称,1982年起使用现名。国家党是澳大利亚农业资产阶级的主要政治代表。

自由党的发展变化过程也比较复杂,其直接的前身是成立于1931年的联合党,1944年开始在联邦层面使用现名,在某些州和地方仍然使用别的名称。自由党主要代表的是城市资产阶级的利益。

联盟党参加选举的历史可以追溯到20世纪20年代。自二战之后,只要是联盟党赢得选举,基本都是自由党党首担任总理、国家党党首担任副总理。

总体来说,自由党和国家党组成的联盟党,倡导自由资本主义价值观,坚持私有产权不可侵犯,反对政府通过税收政策"劫富济贫"等。与美国共和党和英国保守党相比,联盟党更能接受国家对经济生活的干预、调节。

澳大利亚还有许多小党,如绿党、中央联盟党、单一民族

---

① 董沐夕:"澳大利亚工党面临的现实困境及其成因——基于澳大利亚2019年大选的分析",《社会主义研究》2020年第6期,第168—172页。

党等，不过政治影响力远不可与工党和联盟党同日而语。影响力大的小党在联邦议会中有自己的代表，影响力小的可能只在州和领地议会中有自己的代表。不过，澳大利亚的选举制度为小党影响澳大利亚政治创造了较大空间，特别是参议院选举采取单记可让渡投票制，导致小党在参议院的代表比例较高，从而在执政党与反对党的角力中获得了争取自身利益的筹码。

为了防止公共政策被特殊利益绑架，政府于1984年规定各政党和候选人只能接受公共资金的赞助，公共资金由澳大利亚选举委员会控制，每逢选举，选举委员会会根据各依法注册的政党在初选中得票的多寡，向其分配相应额度的选资。为了防范私人利用向公共资金捐款对大选施加不当影响，要求选举委员会必须将政治捐款超越特定标准的人士名单向社会公布，工党总理鲍勃·霍克执政时期将门槛定在1500澳元，联盟党霍华德政府于2006年将其提升至1万澳元，到了2019年，已经升至了1.4万澳元。[①]

就算有这些措施，选举委员会控制的公共资金大多还是来自资力雄厚的私营企业和一呼百应的工会组织，这就使得二者有能力通过左右选举来影响国家的政策。不仅如此，企业和工会还会利用选举法的漏洞，或者干脆违反选举法，向政党和候选人提供政治献金。对此，政党和候选人为了打赢选战，不仅

[①] "For Parties and Political Participants", https://www.aec.gov.au/; Anika Gauja, "Political Parties and Elections: Legislating for Representative Democracy", Aldershot: Ashgate Publishing, 2010, pp. 43-44.

"来者不拒",还会主动以各种形式向他们募捐。①

在澳大利亚,试图影响选举的除了商界和工会,还有环保组织、宗教组织、移民组织、"白人至上主义"组织等形形色色的特殊利益集团。它们都会想方设法影响政治议程,物色和支持自己的政治代理人。除了政治献金之外,这些特殊利益集团还利用其控制的媒体和智库营造舆论、包装中意的候选人、攻讦抹黑政敌。

第二节 跨世纪政府

一、霍华德的班子

1996年3月11日至2007年12月3日,澳大利亚的执政党是联盟党。在此期间,从执政党变成了反对党的工党,先后在1998年、2001年、2004年三次联邦选举中,企图挑战联盟党,夺回执政地位,但是都没有成功。

在联盟党连续执政的11年里,有三个职位一直非常稳固:总理由自由党党首约翰·霍华德担任,国库部长由自由党副党首彼得·卡斯特洛担任,外交部长由自由党前党首亚历山大·唐纳担任。在联盟党政府中,副总理都是由国家党党首担任的,11年里,先后有三人担任国家党党首和副总理:蒂姆·费

---

① Sally Yang and Joo-Cheong Tham, "Political Finance in Australia: A skewed and Secret System", Political Science Program of Australian National University, 2006; J. K. Albrechtsen, "Of Course Donors Expect Something in Return", The Australian, Nov. 8, 2006.

舍尔（党首任期始于 1990 年，副总理任期为 1996—1999 年）、约翰·安德森（党首和副总理任期为 1999—2005 年）、马克·维利（党首和副总理任期为 2005—2007 年）。自由党人罗伯特·希尔长期担任参议院领袖，直到 2006 年由来自同一个党的尼克·明钦接任；2002 年 2 月之前，自由党人彼得·里思一直担任众议院领袖，之后由另一位自由党人托尼·阿博特接任。

在澳大利亚历任总理中，霍华德算得上是一位精于权谋、果断审慎的政治家。他 30 多岁就当上了议员，在马尔科姆·弗雷泽领导的联盟党政府中担任过国库部长这样的内阁要职，在联盟党沦为反对党后，他挑战自由党领袖安德鲁·皮科克取得成功。但是他也经历过挫折，在 1987 年的联邦选举中败于鲍勃·霍克领导的工党，又被从自由党党首的位子上赶下来。不过在他执政时期，内阁非常团结，这与后来几届工党和联盟党政府内部纷争不断、领袖频繁更迭的情况形成了云泥之别。

霍华德能够让内阁团结一心，靠的不是把个人意志强加于人，而是注重将每一项决策都经过内阁集体讨论、按照规范的程序做出，避免暗箱操作招致的猜忌和派系斗争。他还赋予了各部部长决定本部门事务的充分自主权，重结果而轻过程。更重要的是，他懂得顺众意而为，很少与议会的主流意见对抗，又不惜投入大量金钱和精力，借助媒体来影响、塑造民意，为自己的主张披上民意的"铠甲"。①

霍华德执政时期很少发生内部泄密事件，但是在 2006 年 7 月，一份霍华德与科斯特洛私下达成移交权力协议的文件遭到

---

① 保罗·凯利、曾倩、邱晓丹、郑凡奇："对霍华德主政时期澳大利亚政府管理的再思考"，《经济资料译丛》2007 年第 3 期，第 109—124 页。

了披露，霍华德极力否认存在这一交易，但科斯特洛却承认文件内容属实。不久，自由党又有内部文件在媒体曝光，反映党内认为科斯特洛履行国库部长职责不力。将此看成是霍华德的反击应不为过，因为文件的披露打压了科斯特洛的气焰。不过，内部文件接连曝光给联盟党带来的负面影响也很大。此后，霍华德和科斯特洛均未采取新的措施针对对方。联盟党输掉2007年联邦选举后，霍华德有意让科斯特洛做反对党接班人，但科斯特洛却不肯[①]。

二、设立国家安全委员会

在霍华德政府任期，澳大利亚派兵赴东帝汶维稳，参加了美国小布什政府在阿富汗和伊拉克进行的反恐战争，还武装干预所罗门群岛的内部纷争。霍华德政府于1996年设立的国家安全委员会在相关决策活动中发挥了至关重要的作用。

在美国，国家安全委员会是协助总统制定国家安全政策的幕僚机构，而霍华德政府设立的这个国家安全委员会，却是内阁的一个多部门委员会，其职能是负责制定澳大利亚的国家安全战略和相关政策，涉及外交、国防、社会稳定、边境安全、危机与突发事件应对、反恐怖主义、情报工作、政府采购、法规条例制定等众多领域。

在国家安全委员会中，总理和副总理分别担任委员会主席和副主席，委员会的部级成员主要是总理与内阁部、国库部、财政部、外交部、国防部、司法部、内政部等部的部长和秘书

[①] "Costello Won't Stand", The Sydney Morning Herald, Nov. 25, 2007.

长。澳大利亚国防军司令、安全情报组织总监与联邦警察总监也是国家安全委员会的重要成员。总理与内阁部有专门小组负责处理国家安全委员会的工作文件。

借助国家安全委员会，总理成为了国家安全部门的负责人，可以以"国家安全"之名，越过联邦议会、州和领地的权力机构，调动全国战略资源和武装力量，对州和领地的相关事务加以监督甚至干预。

三、与工党的矛盾与合作

霍华德政府延续了之前霍克和基廷两届工党政府经济政策的新自由主义路线，但是在一些特定领域，霍华德政府的做法成为了执政党与反对党较劲的热点。

霍华德与联盟党内的保守势力，遏制了基廷时期发展起来的融入亚洲的势头，通过维护君主立宪政体和强调与美国的同盟关系等方式，澳大利亚的西方特性得到了再次确认。

在财政政策上，霍华德政府致力于消除基廷政府留下的76亿澳元的赤字，以此为由对政府机构加以精简，砍掉了一批政府资助的公益项目，将一些国有企业出售。在霍华德执政的11年，其中8年有财政盈余。但是工党指责霍华德政府恢复财政平衡是以牺牲普通民众的福利为代价的。

在税收政策上，霍华德政府基于刺激经济增长的考虑，降低所得税税率，取消了批发销售税，加征商品和服务税。工党认为霍华德的税收政策是以刺激经济为名行劫贫济富之实，在全国组织了对商品和服务税的抵制活动。

在劳资关系上，霍华德政府偏袒企业主，通过制定新的劳

第二章　执政党与反对党　◇

资关系法，削弱工会的集体谈判能力，由此激化了执政党与工党的矛盾，后者组织全国性的抗议活动来抵制霍华德政府颁布的《工作选择法》。

在碳减排方面，霍华德政府偏袒依赖传统能源的产业，在制定减排目标和利用清洁能源方面裹足不前，引起了工党、绿党和环保组织的强烈抗议。

为了阻止外国难民从海上进入澳大利亚，霍华德政府建立了难民离岸安置机制，在此过程中发生了难民船倾覆的人道主义悲剧。离岸难民安置场所的恶劣条件引起了联合国秘书长潘基文的关注，工党指责霍华德政府践踏难民人权，要求撤消离岸安置机制。

在霍华德政府前三个任期，以及第四个任期的后期，联盟党未能控制参议院，导致一些工党激烈反对的提案无法通过，还有一些政策经过与工党或其他小党的协商，做了大幅修改才得以通过。霍华德政府的一些惠及弱势群体的政策，往往是与反对党妥协的产物，或者是争取拉拢小党的政治交易。

不过，霍华德政府和工党也不是没有一致的时候。1996年，在亚瑟港枪击惨案发生后，霍华德政府制定的《控枪法》，得到了工党的支持。2007年，霍华德政府针对北方领地原住民儿童遭受虐待采取的干预行动，也得到了工党支持。2001年，霍华德政府做出追随美国向阿富汗派兵的决定，工党亦赞成；2003年，霍华德政府以伊拉克有大规模杀伤性武器为由参加伊拉克战争，工党也非主要反对者。只是当伊拉克没有大规模杀伤性武器的真相大白于天下后，工党才走向前台追究霍华德政府的责任。

总的来说，霍华德政府执政的 11 年，取得了财政平衡、经济增长、失业率下降、枪支得到管控等不俗政绩,还举办了2000年夏季奥运会和2001年澳大利亚建国一百周年庆典。但是进入其第四个任期,霍华德政府偏向维护企业主和中上收入阶层利益,在应对气候变化上表现得有心无力,把澳大利亚拖入反恐战争等做法的消极后果开始显现出来,经济上出现了通货膨胀,社会积怨爆发,在加剧执政党与反对党的竞争之际,也导致执政党内部的权力之争浮出水面,使澳大利亚政坛的新一轮洗牌不可避免。

第三节 工党时期

一、反对党时期的工党

1996年联邦选举之后,工党从执政党变成了反对党,在霍克和基廷政府中担任过部长、副总理和众议院议长的金·比兹利,取代基廷成为了新党首。他先后在1998年、2001年的两次联邦选举中,带领工党挑战霍华德领导的联盟党,均以失败告终,副党首西蒙·克里恩取代比兹利成为了党首。2003年6月,比兹利对克里恩的领导地位发起了挑战,未获成功。但是克里恩的地位亦不稳固,在当年11月辞职。在随后的党首选举中,担任影子内阁国库部长的马克·莱瑟姆击败了竞选对手比兹利,当选新党首。2004年,莱瑟姆领导工党参加了联邦选举,再次败给了霍华德的联盟党。2005年1月,在任仅13个月的莱瑟姆辞去了工党党首和议员职务,后来加入过自由民主党①,如今是保琳·韩森的单一民族党新南威尔士州分支的领袖。比兹利继莱瑟姆之后二度当选为工党党首。

比兹利有过两次败选的经历,以致工党内外对他带领工党赢得联邦选举的能力深感怀疑。雪上加霜的是,2006年爆出了20世纪90年代工党执政时期AWB有限公司(原澳大利亚小麦局)不顾联合国禁令向伊拉克的萨达姆政权行贿、拿回扣的丑闻,比兹利为避免霍华德政府深挖这笔历史旧账,竟然违背惯例,不对联盟党政府当年的预算提出任何疑问,此举极大损害了工党的政治声誉,令致力于反对霍华德政府《工作选择法》的工会组织极为不满,也刺激了工党内部的派系斗争。比兹利一些言行上的失当,进一步动摇了他的领袖地位。工党内部反对比兹利的势力开始集结。原本在比兹利与莱瑟姆的权力角逐中忠于比兹利的工党影子内阁外交部长陆克文,此时成为了党内取代比兹利的热门人选。

二、陆克文的崛起

陆克文于1988年踏入政坛,从昆士兰州工党领袖的助手一路做到了众议院前座议员。在影子内阁外交部长任上,他严厉批评霍华德政府盲目追随美国入侵伊拉克,令他声名鹊起,在党内围绕党首职位的几次角逐中都被作为候选人考虑过。2006年11月民调显示,如果工党以陆克文为党首,将比以比兹利为党首多获一倍的选票。当月,陆克文与工党另一实力人

---

① 自由民主党是2001年成立的一个右翼小党,如今在维多利亚州立法机构中占两个议席,一些地方政府的立法机构中也有其代表。

物朱莉亚·吉拉德达成了联手向比兹利挑战的协议，陆克文于 11 月 30 日宣布角逐党首之位。12 月 4 日，工党举行党首选举，陆克文取代比兹利成为党首，吉拉德取代珍妮·麦克林成为副党首。

在陆克文和吉拉德领导下，工党在 2007 年联邦选举中，以压倒性的优势战胜了霍华德领导的联盟党，工党在当了 11 年的反对党后，重新成为执政党，陆克文就任总理，吉拉德成为澳大利亚历史上第一位女副总理，还在陆克文内阁中兼任就业与工作场所关系部长。在陆克文内阁中，韦恩·斯旺担任国库部长，林赛·唐纳担任财政与解除管制部长，克里恩担任贸易部长，斯蒂文·史密斯担任外交部长，乔尔·菲茨吉本担任国防部长（后来被约翰·福克纳取代），罗伯特·麦克莱兰担任司法部长，亚裔女参议员黄英贤担任气候变化、能源效率与水资源部长；内阁成员中，移民公民部长克里斯·伊万斯担任参议院议长，基础设施、交通、区域发展和地方政府部长安东尼·阿尔巴尼斯任众议院议长。

比兹利败选后从议会辞职。2009 年，陆克文任命比兹利为澳大利亚驻美国大使，直到 2016 年才卸任。2018 年，比兹利被西澳大利亚州的工党总理任命为该州州长。

三、陆克文政府的内政外交

陆克文政府对霍华德时期的政策进行了大刀阔斧的纠偏：废除《工作选择法》；增加对教育、医疗等公益事业的拨款；签署《京都议定书》，制定了碳减排目标和建立碳排放交易体系；由总理代表国家就历史上侵犯原住民权益的行为道歉，并制订改善原住民境遇的计划；废除了为阻止难民入境采取的离岸安置机制，放宽了边境保护政策。

陆克文政府上台不久，就赶上了2008年发源于美国的国际金融危机，澳大利亚非农业部门受影响较大。为应对这场危机，陆克文政府宣布为所有银行存款提供担保，先后推出价值104亿澳元和420亿澳元的两个经济刺激计划，其中为基础设施建设投入了260亿澳元。陆克文政府还减免了小企业税收，向收入低于8万澳元的纳税人返还现金红利。与之相配合，澳大利亚中央银行将官方利率下调至1964年以来的最低水平。陆克文政府重视通过国际合作应对这场金融危机，是二十国集团的积极倡导者。结果是除制造业之外，澳大利亚经济避免了一次大衰退。

在国防和外交政策领域，陆克文政府重视培育更大的自主性，制订了从阿富汗和伊拉克分步骤撤军的计划；加大了对本国国防建设的投入，以提升澳大利亚独立应对外部威胁的能力；在支持美国"亚太再平衡"战略以制衡日益崛起的中国同时，又寻求同晋级为世界第二大经济体的中国在求同存异基础上发展良好关系，从高度互补的中澳经贸关系中获益。陆克文政府对提高澳大利亚国际影响力的贡献，主要体现在提议成立二十国集团，以及澳大利亚当选为2013—2014年的联合国安全理事会非常任理事国。

四、党内斗争与陆克文下台

在经历了较长一段受欢迎期之后，到2009年中，陆克文的行事风格、政府的家庭隔热计划的失败、关于征收采矿税的争议，以及政府未能确保其碳交易计划获得通过，使得工党内部对陆克文的领导产生了重大不满。

到2010年，民调显示陆克文带领工党赢得下一次选举的希望极为渺茫。此时关于工党用副总理吉拉德取代陆克文的传闻开始出现，吉拉德则一再发表声明，否认有意挑战陆克文。

2010年6月23日，新南威尔士州参议员马克·阿比布、南澳大利亚州参议员唐·法莱尔、维多利亚州众议员比尔·肖顿和大卫·费尼，拜访了吉拉德。他们告诉副总理，工党在参众两院的众多议员已经对陆克文失去了信心，新南威尔士州、维多利亚州、昆士兰州、南澳大利亚州、西澳大利亚州绝大多数右翼议员，都支持副总理取代陆克文领导工党政府，确保她在党内更换党首的表决中胜出。吉拉德接受了他们的拥戴。据《悉尼先驱晨报》披露，最后让吉拉德下定决心挑战陆克文的，是该报当天发表的一篇报道，揭示了过去几个月陆克文让其幕僚长出面试探后座议员对他的忠诚度，此举被吉拉德视为是陆克文不相信她无意竞争党首的表现[1]。当日，吉拉德要求陆克文或者于次日辞职，或者通过党内表决决定新的党首。收到吉拉德的请求后，陆克文于当晚召开新闻发布会，宣布24日进行党内表决，并将他本人列为新党首的候选人。不过，陆克文很快就知晓自己不可能在表决中卫冕，在离表决还剩几个小时的时候，他宣布辞去总理和工党党首职务，并退出新党首选举。吉拉德在成为澳大利亚第一位女副总理之后，又成为了该国的第一位女总理。

---

[1] "Gillard Becomes Australia's First Female Prime Minister as Tearful Rudd Stand Aside", The Sydney Morning Herald, Jun. 24, 2010.

五、联邦选举与少数派政府

2010年7月,吉拉德在担任总理23天后,请求总督昆廷·布莱斯宣布于2010年8月21日举行下一次联邦选举。

选战初期,工党的竞选活动受到了一系列泄密事件的干扰,外界普遍认为泄密事件是吉拉德内阁中的陆克文支持者所为。陆克文及其支持者们则拒绝为泄密事件承担责任。

在选战中,吉拉德与反对党领袖托尼·阿博特进行了一场面对面的电视辩论,又分别通过电视宣传各自的政治主张,彼此各能吸引一部分选民,但是却很难说谁更占有优势。投票的结果是,工党和联盟党完全旗鼓相当,在150个席位的众议院中各赢得了72个席位,离成为多数党各差4席,这是自1940年选举以来澳大利亚首次出现"悬浮议会"现象。面对这种局面,工党和联盟党都寻求以微弱优势拿到行政权。

此时,六位众议员的取向决定着胜负的天平。结果,吉拉德得到了一位绿党议员和三位无党籍议员的支持,以76票对74票的优势,继续在台上执政。新内阁的主要变动是,肖顿升任金融服务与退休金部长,后又兼就业与工作场所关系部长;陆克文出任外交部长;克里恩改任区域发展与地方政府部长兼文艺部长。2011年12月和2012年5月,内阁经历了两次较大的人事变动。

六、对前任政策的修正与延续

吉拉德政府上台后,对陆克文政府的一些政策做了修正。在财政政策上,吉拉德政府承诺恢复财政盈余,为此采取了诸多措施：对陆克文政府的医疗改革计划进行调整，砍掉了为降低医疗费用提供的部分资助，推迟或削减了陆克文政府的军备升级计划，将军费开支降至20世纪30年代以来的最低水平，仅占国内生产总值的1.6%[①]；在碳减排政策上，将陆克文政府拟征收的资源超额利得税改为矿产资源租赁税，降低了税额；在难民入境问题上，改变了陆克文政府的相对宽松政策，恢复了难民离岸安置；在对外政策上，淡化了陆克文政府对独立自主的强调，重提与美国结盟的重要性，还允许美国海军陆战队分队进驻北部港口达尔文市。

虽然如此，陆克文政府的一些政策主张在吉拉德执政期间得到了延续。譬如，吉拉德政府与陆克文政府一样重视节能减排，于2011年推动议会通过《清洁能源法案》，利用税收杠杆鼓励清洁能源和节能技术的利用；虽然吉拉德政府对陆克文政府的医疗改革计划进行了调整，但同样重视提高公共医疗卫生质量，于2011年说服各州与政府就改善公共医疗体系达成了协议；陆克文政府重视基础设施的更新换代，吉拉德政府则成功实现了将国有垄断企业澳大利亚电信公司的零售和商业部门分开，通过鼓励竞争推动国家宽带网络建设；陆克文政府开启了从阿富汗、伊拉克撤军的进程，而吉拉德政府从阿富汗撤出澳大利亚作战部队比当初预期的时间提前了一年。陆克文在中美之间寻求关系平衡的政策也为吉拉德政府所承袭。

---

① "Military Spending Slumps to 1930s Level", The Australian, May 11, 2012.

七、陆克文影响力对党首职位的挑战

工党在议会中不占绝对多数的情况下运作，需要与反对党和其他小党不断做政治交易，吉拉德政府很快就像陆克文政府一样，陷入了左右都想迎合、左右都不讨好的境地。2013年2月，绿党宣布终止与工党在议会结成的联盟关系，理由是政府没有通过矿产资源租赁税对大矿商征收足够多的税，但是矿业大亨们对政府征收矿税本身就很不满，民调逐渐不利于吉拉德，而有利于反对党领袖阿博特，导致工党内部的党首之争再度浮现。

被赶下总理位置的陆克文，在工党中仍然有其影响力，吉拉德之所以赢得2010年的联邦选举，一个重要原因是争取到了陆克文的配合。但是外界关于陆克文希望重返党的领导地位的猜测从来没有停止过。

陆克文本来就有丰富的外交经验，也希望利用外交部长职位积累政治资本。但是，吉拉德在外交政策上对陆克文的信任却很有限。针对2011年利比亚内战，陆克文呼吁国际社会设立禁飞区，以防卡扎菲政权发动空袭。吉拉德却公开表示，澳大利亚不打算派遣部队来实施设立禁飞区计划。陆克文不主张向印度出售铀。吉拉德却批准向印度出售铀。理念的不合与权力的压制令陆克文很难在吉拉德主政的环境下在外交领域施展拳脚。

在吉拉德的政策被工党和工会视为"右倾"、民调又对其不利的情况下，工党内部要求陆克文重掌大局的呼声若隐若现。自2011年9月起，虽然种种迹象显示陆克文在工党内的

◇ 21世纪澳大利亚的变局与探索

支持率依然低迷，但是关于陆克文挑战吉拉德领导地位的消息和评论却充斥于媒体。陆克文对此类传闻一概予以否认。因此，吉拉德的支持者呼吁总理将陆克文踢出内阁。不等吉拉德行动，2012年2月22日，还在美国首都公干的陆克文抢先举行新闻发布会，以总理不支持自己的工作为由，宣布辞去外交部长职务。

八、回归反对党的工党

2013年的联邦选举，陆克文领导的工党败于阿博特领导的联盟党，工党从联邦的执政党重新变回了反对党。

败选后，陆克文宣布他将继续留在议会，但不谋求竞选下一任工党领袖。然而，党内的反对者们却认为陆克文继续担任工党议员会威胁党的团结，迫于压力，陆克文于2023年11月辞去了议员职务。此后，他在一众国际知名智库、非政府组织、教育机构、环保机构担任要职，成为国际知名的政治活动家。2016年，他谋求角逐联合国秘书长职位，但是未能获得联盟党政府提名。

2013年10月，工党对党首选举规则进行了改革，首次允许全体党员与工党议员一起投票。肖顿和阿尔巴尼斯就党首之位展开角逐，虽然阿尔巴尼斯得到了大多数党员票，但是肖顿却赢得了多数议员票，于是肖顿继陆克文之后成为了新党首。2016年，肖顿带领工党参加联邦选举，以一席之差负于联盟党。2019年，他再次领导工党参加联邦选举，再次失利。败选之后，肖顿辞职，阿尔巴尼斯接任工党领袖。

虽然工党没有赢得联邦层面的选举，但是在全国六个州和两大领地中，工党执政的州占了三个，即维多利亚州、昆士兰州、西澳大利亚州，首都领地和北方领地也由工党执政。

第四节 三任总理

2013—2022年是联盟党在澳大利亚执政的时期，国际国内环境与联盟党内，特别是自由党内的权力斗争结合在一起，导致联盟党政府执政9年中换了3位总理。

一、阿博特取代特恩布尔

2007年12月，布兰登·纳尔逊取代霍华德成为了自由党党首。然而只过了10个月，自由党又经历了一次领袖更替，在上一次党首选举中败给纳尔逊的马尔科姆·特恩布尔，在党内表决中以45票对42票的优势晋位党首。

特恩布尔加入议会较晚，之前当过记者、律师、银行家、风险投资家，还是澳大利亚共和运动的领袖之一。然而，特恩布尔对陆克文政府碳减排计划的支持态度，致联盟党内不少人对他不满，在霍华德内阁中担任过要职的阿博特和乔·霍基二人，是党首之位最有力的竞争者。2009年12月举行党内表决，霍基第一轮投票遭到淘汰，第二轮投票，阿博特仅以一票的优势，取代特恩布尔成为自由党党首，即反对党党首。朱莉·毕晓普自2007年成为自由党历史上第一位女副党首，虽然她公开宣布支持特恩布尔，但是这次党首选举未能动摇她的地位。

二、阿博特政府的内政外交

继 2010 年联邦选举挑战工党执政地位失败后，阿博特领导的反对党在 2013 年的联邦选举中击败了陆克文领导的执政党，联盟党再度上台执政。在以阿博特为总理的新内阁中，国家党领袖特鲁斯出任副总理，霍基担任国库部长，毕晓普担任外交部长，特恩布尔担任通信部长，安德鲁·罗布担任贸易投资部长，乔治·布兰迪斯担任司法部长，移民与边境保护部长先后由斯考特·莫里森和彼得·达顿担任。

阿博特上台后，以平衡预算、削减开支为名，出售国有资产，砍掉了许多社会福利，提高了货物与服务税，取消了工党政府的碳减排计划和采矿税，将本来用于节能减排和开发可再生能源的资金，投入基础设施建设和扶植中小企业，也拿出少量资金改善妇女、儿童和原住民境遇，并通过所谓"主权边界行动"，建立了阻断外国难民从海上进入澳大利亚的机制。总体而言，这些政策的主要受益者是矿主、化石能源企业和中上收入家庭。

不过，在 2013 年选举中，联盟党虽然成为众议院的多数党，但是未能控制参议院，这导致了阿博特政府的一些政策主张在参议院受阻，如对大学和技校的去管制政策、带薪双亲假计划、社区全科医师诊费政策等。

2014 年 2 月，阿博特宣布成立治理工会腐败问题皇家委员会，调查工会的财务违规行为。2015 年 12 月，委员会提交了不利于工会的报告，将众多个人和机构交给了调查经济犯罪或违规的部门审查。

在外交政策上，阿博特重视与亚洲国家发展关系，与中国、日本、韩国签署了自由贸易协定。阿博特政府延续了陆克文－吉拉德政府从阿富汗撤军的政策，但是随着"伊斯兰国"势力坐大和澳大利亚国内反恐形势趋向严峻，阿博特政府参加了由美国主导的对伊拉克、叙利亚两国境内"伊斯兰国"武装的空袭行动。

三、阿博特下台

阿博特政府削减社会福利、在碳减排上"开倒车"等做法，在社会上引起了极大争议，乃至民调逐渐呈现负面，阿博特与费尔法克斯传媒集团的关系紧张，联盟党执政初期在众议院的优势受到了削弱，联盟党能否在下一次选战中保住执政地位成了问题。在这种情况下，自由党内的易帅呼声开始出现，党内派系斗争愈演愈烈，导致了2014—2015年阿博特政府内部的政策分歧、阿博特与内阁成员的权力之争，也影响了执政党的地位。

2015年1月，阿博特授予来访的英国菲利浦亲王骑士称号，在国内引起了颇多非议。就在第二天，联盟党在昆士兰州议会的选举中失利，昆士兰州自由党领袖认为是阿博特的这一不合时宜之举影响了昆士兰州的选情[①]。2月6日，唐·兰德尔和卢克·辛普金斯代表若干众议院自由党后座议员，正式提出更换党首的动议。就在党内表决之前，阿博特利用党首特权，对表决规则做了改革，采取秘密投票的方式。2月9日举

---

① "Newman Criticises Abbott Knighthood Pick", Sky News, Jan. 28, 2015.

行表决，阿博特以 61 票对 39 票成功卫冕。表决当日，《澳大利亚人报》公布了新的民调结果，显示阿博特是自基廷以来最不受欢迎的总理，还显示毕晓普或特恩布尔取代阿博特的呼声较高。①

2015 年 9 月 14 日，特恩布尔在毕晓普支持下宣布挑战阿博特的党首地位。特恩布尔告诉同僚，自由党已经连续失去了 30 个新闻民调，人民已经不再信任阿博特的领导力，澳大利亚需要强大而稳定的政府，而他本人才是能够阻止工党重新执政的不二人选。② 阿博特托人给特恩布尔代信，要求他取消这次挑战，遭到了拒绝。在当日举行的党内表决中，特恩布尔以 54 票对 44 票成功取代阿博特成为自由党党首，也成为联盟党政府的新总理。

四、特恩布尔内阁

经过 2015 年的党内"政变"，阿博特沦为后座议员，霍基、安德鲁斯等 6 名阿博特支持者被踢出了内阁。特恩布尔把内阁从原来的 19 人增至 21 人。其中，毕晓普仍然担任自由党副党首和外交部长，莫里森升任国库部长，达顿留任移民与边境保护部长，玛丽斯·佩恩成为澳大利亚史上首位女国防部长。

国家党资深参议员不满意特恩布尔对碳减排政策的态度，

---

① "Abbott Leadership Crisis: Judgment Day as Newspoll Shows PM Losing Voters", The Australian, Feb. 9, 2015.

② "Liberal Leadership: Malcolm Turnbull's Press Conference Announcing Challenge to Tony Abbott", Australian Broadcasting Cooperation, Sep. 15, 2015.

面对自由党党首易人，国家党党首特鲁斯表态说，国家党和自由党之间的联合政府协议是与阿博特达成的，自由党领导人发生变动后，联合政府协议需要重新谈判。不过就在特恩布尔宣誓就任总理前夕，两党终于达成了新协议，条件是特恩布尔同意不改变阿博特政府对碳减排政策的态度，并将水资源部的职能划归由国家党成员主管的农业部。就这样，副总理仍由特鲁斯担任。

此后，在2016年7月的联邦选举中，联盟党击败工党，特恩布尔政府赢得了第二个任期，内阁进行了一次改组：达顿改任内政部长，克里斯蒂安·波特接替布兰迪斯担任司法部长。国家党领导人也发生了更迭，继特鲁斯之后，巴纳比·乔伊斯、迈克尔·麦科马克先后担任国家党党首和副总理。

五、特恩布尔政府的内政外交

特恩布尔政府延续了阿博特政府"劫贫济富"的经济政策，削减教育、医疗、养老等关乎民众福利的支出，提高福利性收入的税率，使中高收入阶层进一步获益。[①] 其通过恢复建筑和施工委员会，强化了对建筑业工会的管制，还通过改革参议院选举制度、限制媒体兼并等措施，谋求提升执政党掌控局面的能力。

在对外经贸方面，特恩布尔政府推动澳大利亚加入了《全面与进步跨太平洋伙伴关系协定》。2017年美国特朗普政府上台后，对美国的贸易伙伴发起贸易制裁。澳大利亚是少数没有

---

① Fleur Anderson, "Budget 2017: High Income Earners Win in Medicare Levy Hike", The Australian Financial Review, May 10, 2017.

陷入与美国贸易战的国家。2018年5月，特朗普政府宣布永远将澳大利亚排除在加征25%钢铁进口关税的国家之外。特恩布尔政府则主动迎合特朗普政府以中国为主要遏制对象的"印太战略"，先于其他西方国家宣布将中国华为公司排除在澳大利亚5G网络建设规划之外。

六、议员资格危机

澳大利亚联邦宪法规定，双重国籍公民一般没有资格当选或担任议员。2017年6月至2018年7月，参众两院多位议员涉嫌持双重国籍，这些人分属自由党、国家党、工党、绿党、正义党、单一民族党等。法庭先后裁决7人的议员资格无效。联盟党中有4人或为此辞职，或被剥夺议员资格，导致联盟党一度失去了议会多数席位。后来通过一番运作，在随后举行的几次补选中，才又重新成为了议会多数党。但是在同一天举行五场补选的2018年7月28日，又称"超级星期六"，自由党未能赢得任何席位。

七、特恩布尔下台

为应对2017年3月爆发的天然气危机，特恩布尔动用政府权力对液化天然气行业实行出口限制，希望借此遏制天然气价格上涨。此举遭到了跨国天然气企业和本国天然气企业的强烈批评。2018年8月，特恩布尔提出了国家能源保障计划，在自由党党内遭到了否定。

因注册机构法案和建筑与施工委员会法案引起的2016年联邦选举，虽然是联盟党获胜，但是在参众两院的优势减少

第二章　执政党与反对党

了。2017—2018年发生的议会资格危机，进一步削弱了联盟党的地位。"超级星期六"补选的不利结果，加上受到诟病的国家能源保障计划等因素，导致自由党内部对特恩布尔的不满情绪达到了顶点。

2018年8月，内政部长达顿在前党首阿博特支持下，向特恩布尔的领袖地位发起挑战。8月21日，特恩布尔召集自由党领导层会议，宣布党首和副党首职位空缺，将通过党内表决选出新的党首和副党首。达顿宣布参选党首。当日匿名投票的结果是，特恩布尔以48票对35票击败达顿继续担任党首，毕晓普因无人挑战其地位继续担任副党首。

随后，达顿要求再次举行自由党党首选举，特恩布尔予以拒绝，当天，特恩布尔内阁出现辞职潮，几名特恩布尔的支持者也转而反对他，众议院决定议会休会至9月10日。迫于压力，特恩布尔随后同意再次举行党首选举，不过提出了两个先决条件：一是他要看到自由党领导层大多数成员联署的要求再选党首的请愿书，二是总检察长认定达顿的议员资格有效。

9月24日，在总检察长认定达顿议员资格继续有效之后，特恩布尔收到了一份由43位自由党议员联署的请愿书，要求再次举行党首选举，阿博特、达顿都在上面签了字。特恩布尔认为他已经不再受党内信任，于是同意举行党首选举，自己主动宣布不参选，党首在达顿、毕晓普和莫里森三人之间竞争产生。达顿与毕晓普在党内处于对立阵营，而莫里森是一个调和派，结果莫里森在选举中胜出，继特恩布尔之后成为了自由党领袖和总理。

毕晓普在党首选举中出局后也放弃角逐副党首之位，成为了后座议员，乔希·弗里登伯格成为了新任副党首，被任命为莫里森政府的国库部长，毕晓普担任的外交部长由玛丽斯·佩恩接任。毕晓普于 2019 年 2 月退出了政坛。达顿则被莫里森重新任命为内政部长。

特恩布尔卸任党首后也辞去了议员职务，其空出的议席后来被无党籍议员占据。特恩布尔在议会中的一位支持者茱莉亚·班克斯从自由党议员转变为无党籍议员，她支持高等法院对达顿的议员资格进行审查。而达顿一旦被取消资格，联盟党在议会中将沦为少数党，但议会最终没有通过对达顿不利的动议。

2018 年 12 月，莫里森推动自由党改革党规，宣布若要罢免经选举产生出来的总理，须有 2/3 多数票同意，以此避免自己重蹈前任们的覆辙。

八、联盟党政府的人事调整

莫里森第一任期内，其内阁的主要人事变动是国家党议员、副部长安德鲁·布罗德因身陷招妓丑闻于 2018 年 12 月辞职。

在 2019 年 5 月 18 日举行的联邦选举中，莫里森领导的联盟党政府赢得连任。新内阁中，佩恩由国防部长改任外交部长，琳达·雷诺兹接任国防部长。

2018 年，副总理、国家党党首的乔伊斯·巴纳比辞职。2020 年 2 月，他企图挑战副总理、国家党党首麦科马克的领导地位，不过在党内表决之前，巴纳比的支持者、国家党副党首及农业部长布丽吉特·麦肯锡因经济丑闻辞职，参议员马特·卡纳万也为支持巴纳比而辞去了资源与北澳大利亚部长职务。

结果，巴纳比未能在党内表决中取代麦科马克。

2021年3月，莫里森内阁进行了一次重大调整，众议长与司法部长波特改任工业科学技术部长，迈克莉亚·卡什接任司法部长，达顿接任众议长；国防部长雷诺兹改任政府服务部长，接任者也是达顿；达顿卸下的内政部长一职由凯伦·安德鲁斯接任。在改组过的内阁中，女性部长和副部长共计7人。

2020年12月，内阁又经历了一次大调整，涉及的官员主要是教育、卫生、养老、青少年、都市基础设施、贸易、财政等部门的部长，譬如原教育部长丹·特汉调任贸易部长，原贸易部长西蒙·伯明翰调任财政部长。

九、莫里森时期的内政外交

经济政策上，莫里森政府将所有收入在4.5万—20万美元的人的税率长期调低至30%，以此激励人们多工作，还承诺在10年内提供1000亿美元的基础设施资金，并为近400万福利领取者提供一次性付款，以支付核能源使用的费用。

在劳资关系领域，莫里森政府通过注册机构法案修正案，进一步加强了对工会的管制力度。

2019年9月至2020年3月，澳大利亚发生了21世纪以来最严重的森林大火，莫里森政府的无所作为受到了国内舆论的拷问。

2020年初，新冠病毒开始肆虐全球，澳大利亚也受到了影响。3月13日，莫里森政府组建国民内阁，与州和领地负责人一起制定全国抗疫防疫政策。15日又成立了全国新冠病毒协调委员会，为政府抗疫提供专业咨询。20日，莫里森宣布封国，所有非澳大利亚永久居民和公民被禁止入境。随后，各州迅速出台限制社交距离和关闭非关键性营业场所的法令。为了减缓疫情对澳大利亚经济的负面影响，莫里森政府在3月还先后推出了两大刺激经济的一揽子计划，其提出的1300亿美元的工资补贴计划，是澳大利亚历史上金额最大的工资补贴计划。5月，莫里森与各州、领地负责人，以及新西兰总理杰辛达·阿德恩，达成了建立跨塔斯曼海自由通行区的协议，允许澳新两国人员将来在条件允许的情况下不受限制地往返对方国家。[①] 不过，澳大利亚疫情防控形势不容乐观，莫里森因澳大利亚疫苗接种效率低于其他发达国家而受到国内各界严厉批评，不得不公开向国人道歉，预定的"澳新自由行"也被延宕。

对外经贸领域，议会于2020年底通过了莫里森政府提交的《外交关系法案》，使政府有权以维护国家安全为由，否决州和领地政府与外国签订的贸易协定。

继2018年与印尼缔结全面经济伙伴协定后，莫里森政府又于2020年11月25日代表澳大利亚，与中国、日本、韩国、新西兰、东盟十国共14个国家，达成了《区域全面经济伙伴关系协定》。2021年5月，莫里森政府与英国约翰逊政府就英澳自由贸易协定达成共识。

外交政策上，莫里森政府推行所谓的"重返太平洋计划"，宣布加强与太平洋岛国和东帝汶的经济与防务合作。

莫里森政府支持美国特朗普政府和拜登政府推行的以中国为主要战略竞争对手的"印太战略"，对加强美日印澳"四边

---

① Australian Department of Foreign Affairs and Trade, "2019 – 2020 Annual Report", p. 28.

机制"态度积极，并于2021年9月与美国、英国结成了"奥库斯"集团。与此同时还采取了一系列损害中澳关系的做法。

在拜登政府加速从阿富汗撤军、把战略重心转向"印太"地区的背景下，莫里森政府于2021年5月底关闭了驻阿富汗大使馆，7月上旬将剩余驻阿部队全部撤回。8月中旬，塔利班武装开进首都喀布尔，澳大利亚政府向中东派遣250名军人协助滞留在阿富汗的澳大利亚人员以及部分为澳军服务过的阿富汗人撤离。

2022年5月21日，莫里森在大选中败给了工党候选人安东尼·阿尔巴尼斯，结束了联盟党连续9年的执政。

第三章 共和制与君主立宪制

第一节 元首争议

澳大利亚是从英国自治领发展而来的主权国家，至今仍保留君主立宪制，也保留对英国君主的效忠。1952—2022年，英国君主一直是伊丽莎白二世女王，就在这位女王登基的第二年，澳大利亚议会授予她"澳大利亚女王"称号。随着澳大利亚作为主权国家和多元文化国家的自我意识不断增强，1973年，议会删除了女王称号中与英国君主和信仰卫士有关的内容。

在英联邦国家中，新西兰、巴布亚新几内亚、所罗门群岛、图瓦卢等国，都在宪法中明文规定英国君主为它们的"国家元首"，而英国、澳大利亚、加拿大等国的宪法中，原来没有"国家元首"这一称号。澳大利亚在2010年第7版澳大利亚联邦宪法概述中明确"君主"在国家元首之前[1]，但无论是官方文件、媒体报道还是宪法学者的论述，在提到"国家元

---

[1] "Australia's Constitution", Canberra: Australian Government Publishing Service, 2010, p. V.

第三章 共和制与君主立宪制

首"时,难以确定究竟女王是国家元首,还是作为女王代表的总督是国家元首,乃至长期出现"女王是元首""总督是元首""女王、总督皆为元首"等不同说法。

以澳大利亚的官方表述为例,1992—1999年的《联邦政府指南》对总督的职能做了如下描述:"在宪法之下,总督是国家元首,被赋予联邦行政权。"如今,澳大利亚政府网站上的说法却是:"在宪法之下,英国的在位君主也是澳大利亚君主,因此是澳大利亚国家元首。"参议院出版的《澳大利亚政府通览》则声称澳大利亚有"双元首",君主是象征性的元首,而总督是立宪元首。①

有时,相关争议也会诉诸澳大利亚联邦和州的高等法院,但是高等法院从未就此直接作出过裁决。1907年,联邦高等法院针对1906年南澳大利亚州参议院选举争议作出的裁决中,将澳大利亚总督称为"联邦的立宪元首"。1999年,维多利亚州高等法院作出如下裁决:鉴于澳大利亚是君主立宪国,女王陛下是国家元首,因此法律从业者在就职时须向女王宣誓。②

对于究竟女王是国家元首,还是总督是国家元首,澳大利亚学界也存在较大分歧。一些主张总督是国家元首的人士认为,由于澳大利亚联邦宪法规定由总督而非君主来履行国家元首的职责,并赋予总督最高行政权,因此总督是理所当然的国

---

① Government of Australia, http://australia.gov.au/about-australia/our-government/australias-federation; "Commonwealth Government Directory", Mar. 1997, Canberra: Australian Government Publishing Service, 1997, p. IX.

② "R v Governor of South Australia", Aug. 8, 1907, http://www8.austlii.edu.au/cgi-bin/viewdoc/au/cases/cth/HCA/1907/31.html; "Moller v Boards of Examiners", Mar. 10, 1999, http://www8.austlii.edu.au/cgi-bin/viewdoc/au/cases/vic/VSC/1999/55.html.

家元首。还有人认为总督出国访问都被当作国家元首接待，就国际法而言就是国家元首。不同意这一观点的人士则坚称澳大利亚君主是国家元首，总督不过是君主的代表。[①] 围绕国家元首的争议成为了澳大利亚政体之争的一个重要内容。

第二节　两派主张

早在澳大利亚联邦成立之前，殖民地内部就围绕未来澳大利亚究竟应该建成共和国还是君主立宪国产生热烈的争议。受爱尔兰独立运动影响，在殖民地服过刑的爱尔兰政治犯及其影响的社会群体，主张澳大利亚独立后摆脱英国君主的统治，支持建立共和国的方案。而英国殖民统治下既得利益阶层的主流意见，是主张独立后继续效忠英国王室。澳大利亚确立了君主立宪制后，争议并未随之消弭，到了20世纪后期，经济、法律和社会文化的变化导致澳大利亚与英国的关系日渐松动，特别是1987年澳大利亚正式取消了"不列颠臣民"的身份，政体之争也更加突出起来，政坛上形成了共和派和立宪派两股力量围绕政体问题相互较劲的局面。

---

① Glenn Patmore, "The Head of State Debate: A Response to Sir David Smith and Professor David Flint", Australian Journal of Politics and History, Jun. 2012, pp. 251 – 267; Michael Kirby, "A Republic by Stealth (The Robert Harris Oration)", Apr. 16, 1994, https: //www.michaelkirby.com.au/images/stories/speeches/1990s/vol32/1994/1113 – A_Republic_by_Stealth_ (The_Robert_Harris_Oration) .pdf.

第三章 共和制与君主立宪制 ◇

一、共和派的主张

共和派致力于将澳大利亚从君主立宪国转变为共和国,其所持的依据主要是:

第一,在国家主权层面,澳大利亚已经是一个独立国家,元首理应由澳大利亚人担任,英国女王不能充分代表澳大利亚人民。不少澳大利亚人认为,只要保留现有制度,澳大利亚的国家元首就得由英国议会来决定。

第二,在文化认同层面,与20世纪初相比,澳大利亚在人口和文化上已经发生了巨大变化,越来越多的澳大利亚公民没有英国血统,也没有所谓的"母国情结",故而不认同与英国共享君主的制度安排。

第三,在制度先进性层面,君主立宪制保留了封建世袭制,与现代社会推崇的平等精神存在矛盾。而且在2015年英国对《王位继承法》进行修订之前,主张性别平等的人士对王位继承顺序中的性别歧视也极为反感。

第四,在信仰层面,英国以新教为国教,自18世纪以来,英国法律规定了英国君主只能由新教徒担任,这不符合澳大利亚不设国教的世俗主义精神,也与澳大利亚的反歧视法律相抵触。[1]

二、立宪派的主张

立宪派则认为,实践证明君主立宪制让澳大利亚政治长期

---

[1] "Road to a Republic", Canberra: Senate Printing Unit, 2004, p. 5.

稳定，实在没有改弦易辙的必要。他们指出，自1945年以来，从动荡不安的共和制国家移民到澳大利亚的人，对澳大利亚君主立宪制带来的社会与政治稳定心悦诚服。他们还指出，自1989年以来，澳大利亚总督事实上都是从澳大利亚公民中选出的，不存在不能代表澳大利亚人民的问题。他们认为，共和派内部就推动共和的具体途径迟迟达不成共识，在这种情况下强推共和，实乃取乱之道。①

三、政党和社会群体的态度

澳大利亚各政党中，工党、绿党都将实行共和制作为党的政治追求，联盟党内既有支持共和制的，如特恩布尔、科斯特洛等人，也有坚定维护君主制的，如霍华德、阿博特等人。

历史地看，共和制传统上得到了信奉天主教、有爱尔兰血统的城市工人的强有力支持，而君主制得到了信奉新教、视英国为母国的城乡居民和资产阶级的拥护。虽然二战以来移民的大量涌入冲淡了这一分野，但天主教与新教之间的分歧被认为是澳大利亚政体之争背后的一大推力，这在1999年围绕是否改行共和制的全民公投中表现得尤为明显。② 不过，这种分野也不是绝对的。立宪派当中不乏天主教徒，而前原住民参议员内维尔·邦纳之所以不赞成共和制，是认为在白人处于主导地

---

① 参阅约翰·霍华德等维护君主立宪的人士在1998年制宪会议上的发言，详见澳大利亚政府网络档案（https：//webarchive.nla.gov.au/awa/19991209130000/）与《1998年制宪会议议事录》（"Constitutional Convention Hansard 1998"）。

② John Rickard, "Australia: A Cultural History", London: Longman, 1996; Philip Knightley, "Australia: A Biography of a Nation", London: Vintage, 2001.

位的环境下,实行共和制对于改善原住民的境遇缺少实际意义。①

四、共和派和立宪派的压力集团

共和派和立宪派都组建了跨党派的压力集团,谋求对选民和议会施加影响。

1991年,共和派成立了跨党派非营利组织"澳大利亚共和运动",致力于推动一场决定澳大利亚政体的全民公投。为此,该组织一直在全国宣传建立共和制的必要性和正当性,并就建立共和制征求各界的意见和方案。特恩布尔当选总理之前曾经担任过该组织的主席。2015年以来担任该组织主席的是作家、记者和电视专栏主持人彼得·菲茨西蒙斯。支持共和制的规模较小的组织还有"公正共和国""真正共和国""昆士兰立宪共和国团队"等。

立宪派成立的组织中,影响较大的有两个。一个是"支持君主立宪的澳大利亚人",自称是一个跨党派非营利组织,于1992年成立。自成立伊始,该组织就通过组织集会和游行、发行出版物、举办年会等形式,为维护君主立宪鼓与呼。其第一任全国执行理事是后来担任总理的阿博特。另一个是"澳大利亚保皇会",起初是总部位于英国的"国际保皇会"在澳大利亚的分会,后来从英国的总部独立出来。该组织的主要活动是维护英国女王和王室的形象不受损害,为此采取了一些法律行动。该组织目前在全国有5000名成员。

---

① 参阅内维尔·邦纳1998年2月4日在制宪会议上的发言("Constitutional Convention Hansard 1998", p.263)。

第三节 共和模式

共和派对实行共和制的具体方案没有共识，其内部提出了多种实现共和的模式，具有代表性的四种模式如下。

一、"麦加维模式"

在共和派内部，较保守的方案是在取消君主的同时保留总督，其中以维多利亚州前州长理查德·麦加维提出的"麦加维模式"颇具代表性。根据"麦加维模式"，总督为澳大利亚国家元首，其任期与职权跟现制度下的总督基本无异，只是明文规定须从澳大利亚公民当中产生，总督的任免由宪法委员会决定。组成宪法委员会的三名成员，根据宪法设定的优先顺序，须从担任过总督、州长、副州长、联邦最高法院和州高等法院法官的人士中选拔。一般情况下，宪法委员会任免总督的决定是根据总理的建议作出的。由于这一方案跟现有宪法的契合度极高，制度变更的成本极低，能够确保改变政体的进程掌握在有执政经验的人士手里，因此在共和派当中颇有市场。不过，批评者指责"麦加维模式"精英色彩太浓、公众参与度太低，赢得公众支持的希望甚为渺茫。①

---

① "Road to a Republic", pp. 107 – 108.

二、"海登模式"

比较激进的方案是由民众直接选举总统，澳大利亚第二十一任总督比尔·海登提出的"海登模式"是其代表。其基本主张是：总统职权与总督基本相似；总统任期为一届四年，最多可连任两届；只要是澳大利亚成年选民，就有资格竞选总统，成为总统候选人至少需要征集到全国选区1%选民的提名；总统通过民众直接选举产生，得票最多的候选人当选总统；罢免总统需要参众两院联席会议多数同意。①

三、赋予总统更多权力

也有人对于民选出来的总统只行使礼仪性质的职权感到不妥。譬如工党内的"效力共和国团组"的一些基层成员，主张总统除了履行与现任总督类似的职能外，还应在一些超越党派的国家事务上发挥"国家良心"的作用，如在原住民、退伍军人、残疾人、无家可归者、老人、青年、妇女、家庭、多元文化、科教文卫等事业中，发挥应有的作用。他们还认为，总统虽然无权在议会通过法案之前行使否决权，但应有权审查法案，并要求议会就特定内容进行澄清，还可通过向议会发表年度国情咨文，就超越党派的国家事务向议员表达己见，总统还有责任在政府换届时帮助国家维护政策的连贯性。②

不过，也有不少人担心民众直接选举国家元首，会造成总

---

① "Road to a Republic", pp. 109–110.

② http://republicearth.org/republic-model-vote/.

◇ 21世纪澳大利亚的变局与探索

统挟其民望谋求发挥更大的作用，导致与总理争权，使现有宪法面对重大修改的压力，甚至可能引发政局不稳；直接选出的国家元首也不可避免受到党派政治的制约，一旦国家元首是一个得到大党支持、党派色彩鲜明的人，其政治中立的定位将大打折扣。[1]

四、两党任命总统模式

为避免出现上述这种情况，共和派又设计了"两党任命总统的共和制模式"，主张国家元首由议会任命。具体做法是：澳大利亚的任何公民和团体都有权利提名总统候选人，然后由联邦议会组建提名委员会，对提名上来的候选人进行审查，在广泛征求社会各界意见的基础上，将精挑细选出来的少数最适合担任总统的人选名单呈报给总理，总理在征得反对党领袖的支持后，挑选出两党都能接受的总统候选人，随后联邦议会就任命总统召开参众两院联席会议，如果总统候选人得到了联席会议2/3票数的支持，即被宣布为总统[2]。

第四节　制宪会议

1991年，工党正式将推动共和制的实现作为党的政策，工党领袖、总理基廷宣称澳大利亚将不可避免实行共和制，他在1993年4月促成的跨党派共和咨询委员会，提出了在澳大利亚

---

[1] "Road to a Republic", pp. 113, 116-117.
[2] "Road to a Republic", pp. 104-107.

建国一百周年之际（2001年）推动向共和制转变的愿景。

面对自由党党内共和派和立宪派的纷争，自由党领袖唐纳承诺：如果他领导该党赢得1996年的联邦议会选举，就召开制宪会议，决定未来政体问题。继唐纳担任自由党领袖、后来又当选为总理的霍华德，虽然是一位坚定的立宪派，但是面对党内外高涨的"共和"呼声，还是决定履行唐纳关于召开制宪会议的承诺。

1998年2月2—13日，澳大利亚历史上的第四次制宪会议在堪培拉老议会大厦召开，与会的152名代表来自全国各地，一半通过邮寄投票选出，一半由政府指定。代表中有总理、州和领地的负责人、参众两院议员、政府要员、大小政党的领袖、压力集团成员、教会人士、学者等，他们分别代表立宪派、共和派内的主要派系以及无固定立场者。为期12天的会议就澳大利亚政体变更的必要性和可行性进行了热烈的讨论。①

在开幕式上，霍华德总理作为立宪派的重量级代表，为维护君主立宪制慷慨陈词，他认为无论有没有君主，澳大利亚都已经是一个完全独立的国家，而现行制度又提供了长期的稳定，改变政体对于澳大利亚没有多少实际意义。他指出：君主立宪制具有任何形态的共和政体都不具备的两大优势：一是有一个超然于党派利益之外的立宪君主，有利于维护宪法的"完整性"；二是君主立宪制下政府的礼仪和行政职能是分开的，从而使政府更高效。他还意味深长地说："无论将来澳大利亚联邦宪法怎样更改，这个国家都要感谢英国在语言、文学、法

---

① 参阅澳大利亚政府网络档案（https://webarchive.nla.gov.au/awa/19991209130000/, http://www.theage.com.au/republic98/delegates.html）。

律、政治制度上的馈赠。"①

国家党领袖、副总理蒂姆·菲舍尔不反对共和，但是在这次会议上却与霍华德保持一致。他指出，宪法缔造了"世界现存的历史最悠久的民主联邦"之一，对这样的制度进行改造是极为复杂的工程，鉴于共和派提出的各种变更政体的主张"虚无缥缈、南辕北辙、含糊不清"，不如继续坚持现有的这个"行之有效的制度"。②

霍华德在党内的主要竞争者科斯特洛，也不赞同否定澳大利亚为独立国家的观点，不过他指出，虽然宪法运行得非常出色，但是君主制的存在是他支持改制的关键原因，因为他对国家元首通过世袭任命的做法并不赞同，主张任人唯贤。③

工党领袖比兹利指出，澳大利亚事实上就是一个共和国，只是还没有正名，改变政体就是完成澳大利亚建国的"未竟之业"。他认为外国人和澳大利亚人一样，都对澳大利亚国家元首是非澳大利亚人感到匪夷所思。他代表工党提议：澳大利亚总统应该由议会以2/3以上的赞同票选举产生。④

时任"澳大利亚共和运动"主席的特恩布尔则反对通过民众直选产生总统以及赋予总统一些附加的权力，担心这样做会

---

① 参阅约翰·霍华德1998年2月2日在制宪会议开幕式上的发言（https：//webarchive. nla. gov. au/awa/19991209130000/，http：//www. theage. com. au/republic98/hansard/hans1. html）。

② 参阅蒂姆·菲舍尔1998年2月4日在制宪会议上的发言（"Constitutional Convention Hansard 1998"，pp. 249 – 250）。

③ 参阅科斯特洛1998年2月3日在制宪会议上的发言（"Constitutional Convention Hansard 1998"，p. 128）。

④ 参阅比兹利1998年2月2日在制宪会议开幕式上的发言（https：//webarchive. nla. gov. au/awa/19991209130000/， http：//www. theage. com. au/republic98/hansard/hans2. html）。

导致总统与总理的职权混淆不清。①

这次制宪会议上,立宪派坚决不同意共和制,连最温和的"麦加维模式"也反对,共和派内部则围绕实现共和制的方式争吵不休,参会的六名原住民代表则分为支持共和与维持现状的两派。最后,制宪会议举行投票,以89票赞成、52票反对、11票弃权的格局,通过了如下决议:第一,"原则上"支持澳大利亚改行共和制;第二,共和国将保留"澳大利亚联邦"这一现有国名;第三,国家元首为总统,职权与总督相近,总统通过两党任命的模式产生;第四,将通过全民公投来决定是否变更政体。②

第五节 全民公投

经过近两年的筹备,决定未来政体的全民公投于1999年11月6日举行。这次公投提出在两个方面对宪法进行修改的方案,供民众裁决:一是澳大利亚联邦是否应该成为由议会两党共同任命国家元首的共和国;二是要不要在宪法中插入一段序言,其中含有肯定澳大利亚原住民历史地位的内容。根据宪法第128款规定,这两项修正案要获得通过,必须得到"双重的"多数票,即不仅是赞成票总量要多,而且在全国六州两领地中至少要有四个州占多数。

---

① 参阅特恩布尔1998年2月3日在制宪会议上的发言(https://webarchive.nla.gov.au/awa/19991209130000/, http://www.theage.com.au/republic98/hansard/hans4.html)。
② "制宪会议最终裁定",1998年2月14日, https://webarchive.nla.gov.au/awa/19991209130000/, http://www.theage.com.au/daily/980214/republic/rep17.html。

◇ 21世纪澳大利亚的变局与探索

表 3-1 澳大利亚 1999 年就共和改制举行的全民公投一览表

州/领地	结果	登记票（张）	同意票（张）	占比（%）	否决票（张）	占比（%）	正式票（张）	占比（%）	非正式票（张）	占比（%）	总计（张）	占比（%）
新南威尔士州	否决	4146653	1817380	46.43	2096562	53.57	3913942	99.12	34772	0.88	3948714	95.23
维多利亚州	否决	3164843	1489536	49.84	1499138	50.16	2988674	99.07	28063	0.93	3016737	95.32
昆士兰州	否决	2228377	784060	37.44	1309992	62.56	2094052	99.31	14642	0.69	2108694	94.63
西澳大利亚州	否决	1176311	458306	41.48	646520	58.52	1104826	99.15	9500	0.85	1114326	94.73
南澳大利亚州	否决	1027392	425869	43.57	551575	56.43	977444	99.09	8950	0.91	986394	96.01
塔斯马尼亚州	否决	327729	126271	40.37	186513	59.63	312784	99.09	2857	0.91	315641	96.31
首都领地	同意	212586	127211	63.27	73850	36.73	201061	99.23	1553	0.77	202614	95.31
北方领地	否决	108149	44391	48.77	46637	51.23	91028	99.07	852	0.93	91880	84.96
全国总计	否决	12392040	5273024	45.13	6410787	54.87	11683811	99.14	101189	0.86	11785000	95.10

资料来源：笔者根据相关内容自制。

第三章　共和制与君主立宪制

为了影响公投结果，共和派和立宪派都调动了各自的舆论资源宣传造势，频繁举行集会游行，政要名流们纷纷抛头露面，利用各自的政治影响力、学术公信力、宗教号召力和文化感染力，向民众宣传自己的主张。

虽然公投前后多项民调显示澳大利亚民众赞成共和制者居多，全国的主流媒体也大多支持共和制，但是11月公投的结果却是改行共和制的方案收到的反对票多于赞成票。此次公投当中，民众投出的有效票共计1178.5万张，全民投票率为95.1%，反对共和的票数压倒了赞成票数。①

另一项在宪法中插入序言的提议也被公投否决。

对于这样的公投结果，出现了各种解释，譬如：澳大利亚人对修宪一向比较谨慎；共和运动是政治家炒作出来的，实际上无关普通民众痛痒。不过值得关注的是，投反对票的人中居然有许多共和派，究其原因，不是他们不赞成共和，而是他们不赞成国家元首由议会任命，而主张通过直选产生。②

澳大利亚著名电视演员、制片人和作家史蒂夫·维贾德认为，霍华德在筹办制宪会议时，故意将与会代表的选择方式设计为一半直选产生、一半由议会指定，又故意将会期拉得很长，就是为了对共和派内部的分歧加以利用，达到保留君主立宪制的目的。③

---

① 澳大利亚选举委员会："1999年全民公决报告与统计数据"，https://www.aec.gov.au/Elections/referendums/1999_Referendum_Reports_Statistics/summary_republic.htm。
② John Higley and Rhonda Case, "Australia: The Politics of Becoming a Republic", Journal of Democracy, Jul. 2000, pp. 136–150.
③ Steve Vizard, "Two Weeks in Lilliput: Bear Baiting and Backbiting at the Constitutional Convention", London: Penguin, 1998.

2000年3月3日，共和派大法官迈克尔·科尔比发表讲话，指出共和派要想走出失败阴影、最终在澳大利亚实现共和改制，就必须汲取1999年全民公投的教训，包括：支持共和制的宪法改革者在对待任何修宪方案时，应尽可能避免被党派立场牵着鼻子走；改制不能操之过急，不宜硬性设定最后期限，并动辄斥责思想转不过弯者为"不爱国"；共和派还应避免被人看成是缺少代表性的少数精英；不应错认为靠媒体的支持就能带来选票，而忽略小州的民意，等等。①

第六节 未尽之役

虽然1999年的全民公投否决了澳大利亚转型为共和国的方案，但是主张实行共和制的人士仍然在探索澳大利亚走向共和的合适途径。

2003年6月26日，参议院将澳大利亚共和方案调查提交参议院法律与宪法参考委员会。委员会经过对730份意见书的审查，并在各州首府举行听证会后，于2004年8月31日提出了《通向共和国之路》的报告。报告审查了实行共和制的不同模式，包括温和改良模式、直接选举模式、非直接选举模式、混合选拔模式等，将各种模式的长处和短处都进行了梳理。从报告中可以看出，在1999年全民公投之后，共和派内部的争

---

① Michael Kirby, "The Australian Republican Referendum 1999 – Ten Lessons", Law and Justice Foundation, Mar. 2, 2000, http://www.lawfoundation.net.au/ljf/app/&id=DF4206863AE3C52DCA2571A30082B3D5.

议更聚焦于究竟是温和改良还是直接选举。①

2006年3月,新南威尔士州议会通过了一个州宪法修正案,规定州议员和州政府官员在就职仪式上,不再向英国女王、其子嗣和王位继承人宣誓效忠,而是改为向澳大利亚宣誓效忠。该修正案获得了伊丽莎白二世的批准。

2007年7月,工党领袖陆克文承诺,如果工党在该年的联邦议会选举中获胜,将就是否实行共和制举行新的全民公投。不过,他表示尊重1999年全民公投的结果,并且不为新的全民公投设固定的期限。然而在赢得选举后,陆克文政府却要面对众多更为紧迫的事务,如应对在霍华德执政时期激化起来的劳资纠纷、2008年国际金融危机、围绕环境政策的纷争、原住民权利诉求、工党内部的权力斗争等,与这些事务相比,变更国体算不上是当务之急。因此陆克文在2008年4月表示:"实行共和制并非头等大事。"②

绿党是共和制的坚定拥护者。2009年,该党提出在2010年联邦选举时就改行共和制举行一次全民公投,并将提案交到参议院审查,结果参议院不置可否,提案最终被搁置在一旁。

取代陆克文成为工党领袖和联邦总理的吉拉德,在2010年联邦大选前,重申了工党的一贯立场:"我认为这个国家应该是一个共和国。"不过她又说,"这个国家对伊丽莎白女王有深厚的感情",宣称只有伊丽莎白二世的统治结束,澳大利亚

---

① "Road to a Republic", Chapter 7.
② "Rudd Pledges Referendum on Republic", Australian Broadcasting Cooperation, Jul. 25, 2007; "Republic Not a Priority: Rudd", Australian Broadcasting Cooperation, Apr. 7, 2008.

才适合成为共和国。①

支持建立共和国的澳大利亚第二十五任总督，也是该国第一位女总督昆汀·布莱斯，似乎认为向共和制转变需要一个较长的过程。她在2013年11月的一次演讲中这样说："也许有一天，一个女孩或是一个男孩长大成人后，会成为我们国家的第一位元首。"②

2015年1月，工党领袖比尔·肖顿呼吁推动新一轮共和运动，他说："让我们宣布，我们的国家元首应该是我们中的一员。让我们团结在澳大利亚共和国的背后，团结在一个真正代表我们是谁，反映我们的现代身份，反映我们在本地区和世界中地位的国家的背后。"两年后，他又宣称，如果工党在2019年联邦选举中胜选，将通过立法就这一问题举行强制性全民公投，如果该动议得到了大多数人支持，将举行第二轮公投，要求公众支持特定的政府模式。③

2015年9月，"澳大利亚共和运动"前主席特恩布尔成为了自由党领袖，并被任命为总理。他表示，在伊丽莎白二世统治结束之前，他不会追求澳大利亚成为共和国的梦想，而要集中精力搞好经济。在2017年7月拜会伊丽莎白二世时，特恩

---

① "Once Queen Goes, Let's Have a Republic: Gillard", The Sydney Morning Herald, Aug. 17, 2010; "Australia's Gillard Backs Republic After Queen's Death", BBC World, Aug. 17, 2010.

② "Governor-General Quentin Bryce Backs Gay Marriage, Australia Becoming a Republic in Boyer Lecture", Australian Broadcasting Cooperation, Nov. 23, 2013.

③ "Opposition Leader Bill Shorten Renews Call for Republic ahead of Australia Day", Australian Broadcasting Cooperation, Jan. 26, 2015; "Bill Shorten Vows to Hold Vote on Republic During First Term of a Labor Government", The Sydney Morning Herald, Jul. 28, 2017.

第三章 共和制与君主立宪制 ◇

布尔宣称自己是"伊丽莎白二世的拥戴者",并表示他不相信大多数澳大利亚人会在伊丽莎白二世统治结束前支持建立共和国。①

2016年12月,澳大利亚新闻网的一项调查发现,议会两院多数议员都支持建立共和国,众议院的支持率为54%,参议院为53%。②

然而2018年11月,新闻民调发现澳大利亚民众对共和政体的支持率跌至了40%,是1999年全民公投以来,民调第一次显示共和制的支持率低于君主立宪制。2021年1月,益普索的一项民调发现,共和制的支持率仅为34%,为1979年以来的最低水平。③

---

① "Prime Minister Malcolm Turnbull's New Cabinet to be Sworn in Today", The Courier-Mail, Sep. 21, 2015; "'Republican' and 'Elizabethan' Malcolm Turnbull Meets the Queen at Buckingham Palace", Australian Broadcasting Cooperation, Jul. 12, 2017.

② "Majority of Parliamentarians Support Australian Republic", News.com.au., Dec. 16, 2016, http://www.news.com.au/national/majority-of-parliamentarians-support-australian-republic/news-story/a0c30b7631b5e366f18471c737342727.

③ "Newspoll Gives Labor a Commanding 10-point Lead over the Coalition", The Guardian, Nov. 12, 2018; "'No Sense of Momentum': Poll Finds Drop in Support for Australia Becoming a Republic", The Sydney Morning Herald, Jan. 25, 2021.

第四章 劳工与资本

第一节 工人运动

今天澳大利亚工薪族享有的诸项权利，如一周5天40小时工作制、集体谈判权、不公正解雇保护、健康补偿、男女同工同酬、带薪年假、产假、病休假、退休金、遣散费等，都是100多年来工人运动争取来的结果，其间不免伴有血腥的斗争。

早在澳大利亚建国前，工会组织就在各殖民地发展起来，充当白人蓝领工人权益的维护者。联邦建立后，工会组织出现了跨地域、跨行业的发展势头。二战后，澳大利亚又出现了专业技术人员、职业经理人、政府雇员的白领工会组织。这些工会组织，先后成为1927年组建的澳大利亚工会理事会的会员组织，他们每两年选出800名代表参加工会理事会大会，商议和决定维护劳动者权益的大政方针。工会理事会作为代表全国工人利益的松散组织，如今有一个由60人组成的常设行政机构，成员包括主席、副主席、书记、副书记、各州与领地的行业与劳工委员会代表，以及各会员组织代表。

第四章　劳工与资本　◇

受俄国十月革命影响，澳大利亚工人阶级中的一部分接受了马克思主义。1920年，澳大利亚共产党在悉尼成立（简称"老澳共"），该党在二战期间有所发展，一度赢得了新南威尔士州凯尔斯利郡立法机构的多数席位。20世纪60—70年代，老澳共领导层背弃了马克思主义，引起了党内分裂，1991年宣告解散。1971年从老澳共分离出来的左翼政党澳大利亚社会主义党于1996年更名为澳大利亚共产党（简称"新澳共"），该党多次参加地方立法机构选举，在2012年新南威尔士州奥本市立法委员会选举中曾赢得一席。不过，新澳共多次因为支持者不满500人而被选举委员会注销。

除新澳共外，澳大利亚还有一些别的左翼政党和组织，如2008年成立的托派组织"团结社"、2010年重组的托派政党社会主义平等党、2011年采用"共产党人党"名称的左翼党派联盟等。不过这些左翼政党和组织的号召力都比较有限，在联邦、州、地方的立法机构中罕有其席位，因此有时会跟绿党、工党、工会组织合作，共同维护劳动者和原住民的权益，督促执政党关注环境问题，反对极右势力挑起种族矛盾，反对澳大利亚对美国亦步亦趋，特别是反对澳大利亚参加美国挑起的地区战争。①

如今，工会组织在维护澳大利亚劳动者权益方面仍然发挥关键作用。澳大利亚大大小小的工会组织有60多个，其中既有按行业或工种组成的工会，如海事工会、电力行业工会、制

---

① 参阅 Jon Piccini, Evan Smith and Matthew Worley eds., "The Far Left in Australia since 1945", London: Routledge, 2019；新澳共官网（https://cpa.org.au）；团结社官网（http://www.solidarity.net.au）；社会主义平等党官网（http://www.sep.org.au）。

造业工人联合会等；也有按地域组成的工会联合体，如昆士兰州、南澳大利亚州的工会组织；还有跨行业工会，如建筑—林业—海事—矿业—能源工会。澳大利亚抛弃"白澳政策"也给工会的面貌带来了变化，工会中的有色人种会员呈现不断增加的势头。

　　澳大利亚主流工会组织奉行议会斗争路线，在政治上与工党结盟，不少工会理事会的领导者还在工党中担任要职、当选为工党议员。不过，工会组织也并非事事与工党保持一致，特别是工党为了上台执政，往往要对资方妥协，进而会与工会发生利益冲突。最典型的例子是工会理事会主席出身的鲍勃·霍克，在当上了工党领袖和工党政府总理后，就出台了一些不利于工人阶级的政策，引起了工会理事会为代表的工会组织的抵制。不过一般来说，工党政府在台上时，工会得到的支持会多一些，而联盟党执政后，往往会压制、削弱工会。

第二节　偏袒资方

　　20世纪末21世纪初，澳大利亚也像其他发达经济体一样，出现了资本借助新技术革命和经济全球化挤压本国劳动者权益的情况，而工会陈旧的理念和组织形式，很难吸引一些新兴行业劳动者，特别是工作弹性大的劳动者，工会干部群体的失职也令工会的声誉受损，在与资方的博弈中往往处于守势，在21世纪的前20年，劳资关系的天平在总体上向资方倾斜。

　　霍华德政府上台后，把为维护劳动者权益而争取来的制度成果——削弱工会、取消工会，作为拉动经济增长、恢复财政

第四章 劳工与资本

平衡、提高国际竞争力的重要措施。为此，霍华德政府对1988年工党政府制定的《1988年劳资关系法》进行改革，于1996年推出了《1996年职场关系法》，得到了议会批准，于1997年1月1日正式生效。

《1996年职场关系法》对《1988年劳资关系法》的兴革，主要体现在三个方面：

一是限制、削弱了澳大利亚劳资关系委员会的职权。根据旧法，劳资关系委员会是独立的劳资关系仲裁机构，有权规定劳动者受雇的最低条件，有权认定劳资谈判协议的有效性，有权认定工会的资质、调解不同工会组织之间的纠纷，有权受理劳动者就不公正解聘提出的申诉。而新法大大缩小了劳资关系委员会仲裁的领域，将其认证劳资谈判协议的职能划给了新设立的政府机构——就业倡导者办公室。

二是弱化了工会集体谈判的功能。旧法规定有效的劳资谈判协议须由工会代表劳动者与雇主达成，而新法推出了所谓的"职场协议"，规定劳动者个体不受"外在因素"影响，完全自主地与雇主就雇佣条件进行谈判，以此排除了工会对协议的影响。

三是降低了对劳动者的保护水准。新法规定，由劳动者个人与雇主签订的职场协议，只须满足政府公平酬劳和工作条件的最低要求即可，在满足特定条件下无需受州和领地规定的劳动条件束缚。[①]

《1996年职场关系法》在提交议会批准时，遭到了工党和工会组织的强烈抵制，由于当时联盟党未能控制参议院，因此

---

① Australian Government, "Workplace Relations Act 1996".

不得不与持温和立场的小党民主党以及一些独立议员进行协商，在对法案做了诸多修改后，才得以通过，联盟党的许多主张并没有在这部法规当中得到反映。对此，霍华德政府又于1997年向议会提交了《职场关系法（工作选择）修正案》，结果在参议院被否决。

2004年联邦选举后，联盟党赢得了众议院多数席位，又在2005年赢得了参议院多数席位，霍华德政府决定利用这一良机，将经过修改的《职场关系法（工作选择）修正案》（简称《工作选择法》）再度提交议会闯关，果然在参众两院获得了通过，于2006年3月正式生效。

《工作选择法》对《1996年职场关系法》的兴革主要体现在下列几方面。

一是以单一国家劳资关系制度，取代联邦、州、领地并存的各种自成一体的劳资关系制度。

二是进一步削弱劳资关系委员会，将其从仲裁机构降格为调解机构，将其制定全国最低工资的权力移交给了新设立的独立机构——公平薪酬委员会，将负责认证职场协议的就业倡导者办公室更名为职场管理局。

三是对雇主更为宽容，员工少于101人的企业，以及出于经营上的原因解雇员工的企业，皆可免于不公平解雇制裁。

四是缩短了劳动者就不公平解雇提交申诉状的时间，提高了申诉费。

五是认定范式谈判和全行业罢工违法。所谓"范式谈判"，指的是工会把从一个雇主那里获得的特定权利，树立为整个行业的先例，借此向该行业其他雇主要求同样的权利。新法对这种做法亮了红灯。

第四章　劳工与资本

六是加大了对合法罢工的限制。①

霍华德政府的《工作选择法》实施以后，各种负面评价纷至沓来。

批评的焦点首先对准的是劳动者个人与雇主达成职场协议这一安排，认为劳动者个人实际上没有能力取得集体谈判能够取得的待遇，导致职场协议偏重于体现雇主的利益。就业倡导者办公室于2006年9月对《工作选择法》实施后签署的"职场协议"所做的一个抽样调查，为上述观点提供了佐证。调查发现：88%的职场协议取消或调低了加班费；89%的协议取消或调低了轮班津贴；91%的协议取消或调低了货币津贴；85%的协议取消或调低了奖金；82%的协议取消或调低了公休日薪水；83%的协议取消或压缩了员工的休息时间。②

批评者还指出，将认证职场协议的权力划给就业倡导者办公室和职场管理局后，后者实际只是对职场协议进行备案，无需履行纠纷解决程序，即使工会认为职场协议不公平，审查和干预的机会也很少。

根据《工作选择法》设立的公平薪酬委员会受到的批评，主要是委员会名为独立机构，实际上偏向企业界，工会在其中的代表性不够，委员会的决策缺少外界监督，在确定最低工资时过于考虑经济效用。③ 新法为劳动者提供的最低保障标准，

---

① Australian Government, "Workplace Relations Amendment (Work Choices) Act 2005".
② "Away with the Fairness: What Do the AWA Numbers Show?", Australian Broadcasting Corporation, Jul. 5, 2007.
③ "Interview with Greg Combet", Australian Broadcasting Corporation, Oct. 13, 2005.

被认为损害了劳动者已有的各种权益。

第三节 抗争事件

针对政府偏袒资方的一系列做法，劳工阶层则报之以一连串的抗争事件。其中声势浩大、产生重要社会影响的，主要有1996年的冲击议会事件、1997—1998年的码头纷争、21世纪初的抵制《工作选择法》运动等。

一、冲击议会事件

霍华德政府上台后大肆削减政府预算，又制定新的劳资关系法，工会对此均予以抵制。1996年8月19日，工会理事会发起了在联邦议会大厦周围草坪上的抗议集会，将行动命名为"向堪培拉进军"，行将离任的工会理事会首位女主席詹妮·乔治、副书记克雷格·康贝特和一些工党高层人士到场发表动员演说。

集会原定于下午1点半举行，时间不足一小时，但是人们提前向议会草坪集结，起初一直都还比较平和，可是到了中午12点多，一群示威者拒不服从在现场维持秩序的警察的指挥，冲破了警戒线，闯进了议会大厦前门，见此情景，更多的示威者受到鼓舞加入了进来。警察沿着游廊迅速组成防线想要挡住示威者，但是在后者的冲击下不得不退至前门内重新布防，虽然短暂稳住了局面，但还是未能阻止示威者冲破第一道门禁，随后，示威者使用大锤、车轮撑杆、拽下的门把手等物件当武器,攻破了第二道门禁。与此同时,议会大厦的其他区域,如游廊屋顶、女王露台、议员露台等,也发生了示威者冲击事件。有一群示威者冲进了议会商店,将之洗劫一空。经过了两个多小时对峙,增援的警察和议会大厦内的安保人员终于将示威者赶到了前院,示威者不久作鸟兽散。

事后,联盟党、工党和一些小党都谴责了冲击事件。工党领袖比兹利痛心疾首地指责冲击事件带偏了本来是和平与合法的示威活动,霍华德总理则借机问责组织这次示威的工会理事会。

议会冲击事件未能起到阻止霍华德政府的作用,反而给工会组织脸上抹了黑,但是工会并没有就此善罢甘休,反而还要在新劳资关系法生效的条件下继续维护组织的利益。

二、码头纷争

20世纪90年代中期,澳大利亚70%的进口货物和78%的出口货物需要通过海运,然而,与当时的国际水准相比,澳大利亚港口提供的服务质量偏低、收费偏高,影响了澳大利亚海运业的国际竞争力。

帕特里克公司是澳大利亚一家老牌港口企业,控制着墨尔本、悉尼、布里斯班、弗里曼特尔的码头装卸业务。《1996年职场关系法》颁布后,帕特里克公司想通过裁减固定工、雇佣临时工来提升产能,但是受到海事工会的强烈抵制。急于提高出口的霍华德政府,则支持帕特里克公司对付海事工会。

1997年3月,劳资关系部长彼得·雷斯、运输部长约翰·夏普和帕特里克公司总经理克里斯·科里根达成了一项协议,政府支持帕特里克公司以非工会工人取代工会工人，还同意为公司裁员提供补贴。

当年12月，帕特里克公司控制的法恩韦斯特公司，雇佣了一批现役和退役军人以及私人保安，计划把这批受过专业军事训练的员工先秘密送往阿联酋的迪拜港，接受国际标准的码头业务培训，待回国后就用他们替换海事工会成员。不料消息走漏，海事工会立即联系了媒体记者，在机场截住了这批以游客身份为掩护的新雇人员进行采访，遂将此事曝光。面对记者的质询，劳资关系部长雷斯矢口否认事先知晓此事，但霍华德政府却阻止不了事件曝光后掀起的国际风波，阿联酋政府在舆论压力下取消了这批员工的护照。此时，代表农场主利益、与国家党关系密切的全国农民协会出面帮忙，使员工培训工作得以在澳大利亚本土完成。

1998年4月7日，科里根制造假破产，关闭了帕特里克公司在各地的码头，实际就是为了解雇1400名海事工会成员。第二天，码头又重新开张，被解雇工人的空缺由那些完成培训的退役军人和镇压罢工者填补。雷斯部长代表政府发表了支持帕特里克公司的声明，霍华德总理则将帕特里克公司的做法称为"澳大利亚人民对码头效率低下的反击"。

海事工会将帕特里克公司告到了联邦法院，法官马克斯·诺思裁定公司的行为属于假借资产重组故意解聘工人，判其违法。公司不服判决，在霍华德政府支持下要求联邦法院改由法官集体审理此案，结果仍然维持原判。又是在霍华德政府支持下，此案上诉到了高等法院，高等法院保留了原判的实质内容，但是对公司做了少许让步，承认"破产"公司管理者的角色合法。

1998年6月，帕特里克公司与海事工会经过谈判达成协议：保留海事工会代表该行业工人的地位，工会接受自愿裁员，公司接受长期雇佣的工会会员接近原来人数的一半，但工时较以前有所延长，一些原来固定的岗位改为临时性岗位，如何排班由公司决定。总之，这场码头纷争还是以海事工会做出较大让步收场。

三、抵制《工作选择法》运动

《工作选择法》于2005年11月2日提交众议院审议。工党议员以没有拿到足够的法案副本为由，全天在众议院发起抵制法案的行动。在对政府官员质询时，工党议员不断插话打断官员发言，导致议长、副议长罢免了其中11人。11月10日，法案在众议院获得通过，于当日晚些时候提交给参议院表决。

同年11月14—19日，参议院的就业、工作场所关系和教育委员会，举行为期5天的听证会，征询各州和地区对法案的意见，然后向参议院提交自己的意见。工党指责霍华德政府急于让法案通过，听取意见的时间太短。在听证会上发言的主要是州和地区的主管劳资关系工作的官员，许多发言者认为法案损害了工人权益，违背了宪法。虽然如此，参议院还是在12月2日以35票对33票通过了经过少许修订的法案，该法于2006年3月27日全面生效。

2005年12月，工党核心小组成立了一个劳资关系工作组，专门调查《工作选择法》的不利影响，特别是对区域和农村社区、妇女和青年的负面影响。2006年间，工作组跑遍了澳大利亚各州各地区，与雇主、雇员、工会、教会和社区组织举行会谈，收集证词，最终将这次调查的结果向社会公布。2006年6月20日，工党领袖比兹利在堪培拉议会大厦做了题为《〈工作选择法〉：向下冲刺》的报告，报告内容得到了广泛传播。

与工党的活动相配合，澳大利亚工会理事会也通过媒体号召劳动阶层抵制霍华德政府的新劳资关系法。

霍华德政府则不惜投入1.21亿澳元为《工作选择法》做正面宣传①，包括在电视上做广告、印发小册子、开通热线电话。企业界为政府的宣传战出钱出力。虽然如此，2005年8月至2006年2月的民调显示，霍华德政府的宣传未能减轻工人对《工作选择法》的担忧。工会理事会主席沙兰·巴罗称"政府的广告是由税收资助的政治骗局"。②

2005年11月15日，工会理事会发起组织了全国抗议日，动员了54.6万人参加在各州首府和其他城市举行的游行抗议活动。各工党执政州的总理，以及其他政要名流，纷纷在各地集会上发表讲话，抨击霍华德政府的劳资政策。

除了组织集会和游行，工会理事会还建立了"你的工作权利"网站，超过17万人在网站上注册，接收抵制活动的最新消息。利用这个网站，工会理事会在当月发起了"巴纳比亮明立场"的请愿活动，要求对《工作选择法》感到担忧的国家党参议员巴纳比·乔伊斯在参议院对法案投反对票。虽然最终未获成功，但是请愿书征集到了85189个网上签名，工会理事

---

① "Gillard Attacks Opposition over Spending Criticism", Australian Broadcasting Corporation, Mar. 18, 2008.

② "ACTU Calls on Govt to Halt Deceitful IR Ads: People Won't Be Conned", Australian Council of Trade Unions, Oct. 26, 2005.

会认为这创了当时澳大利亚在线请愿的纪录。①

"你的工作权利"网站的支持者还开展了其他网上运动,在 5 个工作日筹集了 5 万美元,在墨尔本图拉马林高速公路上竖立一块广告牌,以提高人们对《工作选择法》本质的认识。在线活动也针对一些雇主。例如 1 万名"你的工作权利"支持者给糖果生产商达莱尔利公司首席执行官约翰·托尔米发电子邮件,要求他重新考虑将公司员工转入工作场所协议个人合同计划,托尔米最后屈服于压力而没有这样做。

2006 年 11 月 30 日,各地又掀起了第二个全国抗议日,在约 300 个地点举行了集会和游行。参加墨尔本板球场集会和游行到联邦广场的人数为 4.5 万—6.5 万。悉尼约有 4 万人参加了类似活动,布里斯班、阿德莱德、珀斯、达尔文、堪培拉等市都举行了集会。②

在《工作选择法》推行时,澳大利亚各州都是工党执政,于是各州都向高等法院提出了对《工作选择法》有效性的质疑,各工会组织也向高等法院提出申诉。高等法院在 2006 年 5 月 4—11 日听取了控辩双方的意见,于 11 月 14 日以 5 票对 2 票的多数驳回了质疑。

虽然如此,《工作选择法》引发的抵制浪潮,成为霍华德领导的联盟党在 2007 年联邦选举中败选的重要催化剂。

---

① "Australias Biggest Ever Online Petition Urges Barnaby Joyce to VOTE NO on IR", Australian Council of Trade Unions, Nov. 28, 2005.
② "Workplace Rally Attracts Thousands", The Age, Nov. 30, 2006.

第四节　更行新法

陆克文政府上台后，着手对霍华德政府的劳资政策进行彻底改革。联盟党因《工作选择法》而处境被动，难以挑战工党政府的改革。自由党新领袖布兰登·纳尔逊公开表态，称联盟党已经倾听了澳大利亚公众的心声，接受了教训，不再追求恢复《工作选择法》，还呼吁陆克文迅速行动起来，提出新的劳资关系法草案。[①]

2009年，陆克文政府提出的《公平工作法》终于在议会获得通过，以取代霍华德政府的《工作选择法》。这部新劳资关系法于2009年7月1日生效。

《公平工作法》对霍华德政府的劳资关系法的兴革，主要体现在以下几个方面。

第一，取消了劳动者个人与雇主谈判达成的职场协议在劳资协议中的主导地位，恢复了集体谈判的协议在劳资协议中的主导地位。

第二，对集体谈判的主体、代表者、方式、程序、纠纷解决机制加以规范，要求谈判双方均须体现"善意"。

第三，以"国家用工标准"取代《工作选择法》中的"公平薪酬与工作条件标准"，将劳动者享受的最低保障标准，从原来规定的五项增加到了十项。

[①] "Nelson Declares Work Choices Dead", Australian Broadcasting Corporation, Dec. 19, 2007.

第四章　劳工与资本

第四，规定所有企业，包括员工少于101人的企业，皆不能免于不公平解雇制裁，但允许15人以下的小企业将员工的试用期延长至1年。

第五，撤销霍华德政府设立的职场管理局和公平薪酬委员会，以及被霍华德政府改造过的劳资关系委员会，将这些机构的职能并入新组建的澳大利亚公平工作机构，"新瓶装旧酒"，恢复了霍华德上台前的劳资关系委员会[①]。2013年，公平工作机构更名为公平工作委员会。

雇主阶层认为，在世界经济深受国际金融危机影响的环境下，此新法提高劳动者待遇令企业难以承受。

工会方面虽然接受了新法，但也有一些不满之处，主要在于：

第一，新法虽然再度推崇集体谈判，但是延续了对范式谈判的禁令，从而将集体谈判的成果限定在企业内部，而无法像从前那样影响到整个行业乃至更广的范围。

第二，新法对工会与非工会参与的劳资谈判协议一视同仁，对工会无异于是一种无形的抑制。

第三，新法延续了《工作选择法》对罢工的基本态度，规定除非是在集体谈判期间，否则罢工将被禁止。

陆克文政府之所以不能对霍华德政府的劳资政策进行彻底改革，除了工党与反对党在议会中力量对比客观上制约了其行动外，以陆克文为代表的工党领导层，谋求把工党变成超越阶级利益的政党，在劳资关系上搞阶级调和的主观想法，也是导致这种政策选择的一个重要原因。

[①]　Australian Government, "Fair Work Act 2009".

第五节 工会腐败

吉拉德执政时期，是执政党与反对党、执政党内部的党争都趋向激烈的时期，政界丑闻频出，尘封旧案不断被起底，而工会干部的腐败问题在这些曝光的丑闻中十分突出，对工会的声誉构成了不小的冲击。

一、打击工会腐败的机构

工会干部腐败丑闻的不断曝光，给联盟党政府打击工会提供了极佳的口实。阿博特政府上台后，于2014年3月成立了工会治理与腐败问题皇家委员会，专门调查工会的财务违规行为，工人联合会、卫生服务工会、运输工人联合会、建筑—林业—海事—矿业—能源工会、通信—电力—电子—能源—信息—邮政—管道联合服务工会等，都在皇家委员会重点调查的名单上。

2015年12月，皇家委员会向澳大利亚总督提交了最终版的调查报告，指出工会干部存在普遍的、根深蒂固的不当行为，包括盗用公款、伪造票据、销毁证据、虚报会员人数、操纵价格、勒索企业等。该调查报告建议政府强化对工会的财务监管和违规违法惩戒措施，并对前总理吉拉德所涉的威尔逊及其同伙挪用侵吞工会财产的指控给出了结论，对威尔逊做了有罪推定，但认为缺少对吉拉德提起诉讼的根据，只能对她以律师身份从事相关活动进行质疑。皇家委员会一共将30名涉事人员和11家涉事机构交给了调查经济犯罪的部门进行审查。①

二、规范建筑业工会行为的博弈

霍华德政府时期，于2001年成立了建筑业问题皇家委员会，针对建筑业从业者的不当行为进行调查。2003年，该委员会提交了一份调查报告，列出了建筑业存在的100多种违法乱纪行为，并指出监管机构缺少足够的权力维护建筑业的秩序。2005年，霍华德政府推动议会通过了《建筑业改善法》，据此设立了建筑业委员会办公室，专门负责对建筑业从业者进行普法教育，以及针对违法违规行为开展调查，将犯罪者移交司法机关审判。工会组织指责《建筑业改善法》以及建筑业委员会办公室的所作所为，侵害了建筑工人及其组织的利益，特别是容许对建筑工人进行秘密审问。工会理事会为此于2007年向国际劳工组织提起申诉。2012年，在吉拉德政府时期，联邦议会以《建筑业公平工作法》取代《建筑业改善法》，取消了建筑业委员会办公室，设立了建筑业公平工作办公室。

到了2015年，阿博特政府成立的工会治理与腐败问题皇家委员会，在对工会不当行为的调查报告中，揭示了建筑业工会存在操纵价格、恐吓、威胁、敲诈等问题，于是阿博特政府又动起了将建筑业委员会办公室恢复的念头，但是相关提案未能在议会通过。2016年，特恩布尔政府再次向议会提交了重建建筑业委员会办公室的提案，也未能获得通过。

---

① "Final Trade Union Royal Commission Report Condemns 'Louts, Thugs, Bullies, Thieves'", The Guardian, Dec. 30, 2015.

三、"正直行为保障法案"闯关失败

在图谋恢复建筑业委员会办公室的同时,特恩布尔政府还谋求议会通过《公平工作法(注册机构)修正案》,又称"正直行为保障法案"。

该法案的主旨是授权联邦法院取缔行为不端的注册机构,以及取消行为不端的机构管理人员的任职资格;对被取消任职资格且继续在机构中担任管理职务者以违法论处;合并注册机构进行公共利益测评,于公共利益有害的合并不予认可。

虽然法案涉及的机构包括工会和企业,但是针对工会的意味十分明显,当时正逢反对恢复建筑业委员会办公室尤为卖力的建筑—林业—海事—矿业—能源工会,与另外两个工会组织商谈合并事宜之际。由于法案在2017年提交议会后未能获得通过,因此未能像特恩布尔政府和建筑业企业家组织希望的那样,被用来阻止海事工会和纺织—服装—鞋业工会并入建筑—林业—海事—矿业—能源工会。①

2019年,工会治理与腐败问题皇家委员会对建筑—林业—海事—矿业—能源工会存在的不当行为问题进行了揭露,该工会与工党之间又因工会州分会书记不当言论问题产生了矛盾,导致原来参议院中反对"正直行为保障法案"的力量出现裂痕,取代特恩布尔政府的莫里森政府认为有机可乘,遂于当年7月再次将"正直行为保障法案"提交议会闯关。结果,莫里森原本以为会支持法案的单一民族党,却出乎意料地投了反对

---

① "CFMEU, Maritime Union of Australia Merger Approved by Fair Work Commission", Australian Broadcasting Cooperation, Mar. 6, 2018.

票，使法案通过的希望再一次化为泡影。

同年12月，莫里森政府第二次将法案提交议会闯关，仍然是在参议院遇到阻力。2020年5月，莫里森政府宣布将法案暂时搁置，谋求通过工会和企业界开展协商，为改变"不合时宜"的劳资关系制度找到共识。

第六节　修法之争

当年霍华德政府推动劳资关系法改革，由于步子迈得过大，招致的反弹也大，导致联盟党在2007年联邦选举中败给了工党，其制定的《工作选择法》也被工党政府的《公平工作法》所取代。此后，联盟党接受了教训，不敢对工党的劳资关系法搞大动作，只求朝着有利于企业主的方向做一些小修小补。《公平工作法》自2009年生效以来，只是在2012年和2015年做过两次小范围的修订。

对劳资关系状况感到不满的特恩布尔和莫里森，都企图通过对《公平工作法》做更大胆的修订，来减少劳资关系法对企业主的束缚，提高所谓的经济效益，但都因为联盟党缺少在参议院的优势，迟迟难以实现这一目标。

2020年新冠疫情暴发后，澳大利亚实行封国政策，经济受到了严重冲击，莫里森政府面对要求恢复经济增长的社会压力陡然增大，在推出经济刺激计划的同时，莫里森政府迎合企业界的需要，又打起了改革劳资关系法的主意。不过这一次，有当年霍华德的殷鉴，莫里森不求全盘推翻《公平工作法》，而是借制定新的修正案为名，以积小胜为大胜的策略，谋求局部改变《公平工作法》的实质。为了配合这一策略，莫里森搬出一副调和不同利益群体的姿态，大张旗鼓地把企业界、工会组织、反对党、小党派、独立议员等拉到一张桌子上来，划分成五个专题小组，就制定修正案开展协商，表面上热火朝天，背地里却各自为营。

2021 年，修正案在联盟党占多数席位的众议院获得通过后，3 月提交到参议院审议，参议院教育与就业立法委员会建议通过该案，不过由于工党、绿党、单一民族党和一些独立议员持反对立场，参议院尚未对这一修正案进行表决。莫里森与单一民族党领袖和一些独立议员磋商，希望转变他们的立场。[1]

对于这个修正案，企业界总体持肯定态度，特别是对涉及临时岗位、弹性工作以及企业协议的法律修正感到满意。企业界的不满主要是修正案中保留了整体福祉测试，这项测试的目的是确保企业谈判协议不损害工人的基本权益。由于工党的强烈反对，莫里森政府放弃了取消整体福祉测试。

虽然如此，工会组织仍然认为修正案是"反劳工"的，号召劳动者们起来抵制，并与莫里森争夺参议院独立议员和单一民族党议员。工会理事会认为修正案在以下方面损害了劳动者的权益：

第一，修正案赋予了雇主界定临时性工作的完全自由，被雇主划入"临时工"的劳动者，可能面临实际工作岗位是固定的，或者后来变得固定，却被雇主拒绝给予固定工待遇的情

---

[1] Kaushik Ramesh and Jaan Murphy, "Fair Work Amendment (Supporting Australia's Jobs and Economic Recovery) Bill 2020", Bill Digest, No. 53, 2020 - 21.

况。具体来说,可能会面临更少的假期、更不确定的报酬以及更少的权利。

第二,修正案不为劳动者12个月试用期满后转为正式工提供保证,只要雇主认为有理由不为处于试用期的员工转正,便可以拒绝公平工作委员会的仲裁,劳动者要维权只能去联邦法院起诉雇主,但如此一来不仅维权成本高,而且审判周期长,劳动者维权困难。

第三,修正案使兼职劳动者的权益和就业安全更难得到保障,雇主可以更自由地延长兼职者的工时,削减其工资,既把兼职者当临时工使用,又不支付法定的临时工津贴,对兼职者想用就用、想辞就辞,而兼职者维权的法律依据却相对欠缺。[1]

工会理事会认为,在联盟党执政这些年,澳大利亚工人的工资增幅创历史新低,新冠疫情暴发后,成千上万工人失业,但大企业的利润不降反升,高管们得到巨额分红,而莫里森政府却纵容企业克扣、削减工人工资和各种福利,还要通过这样一个修正案使对工人的压榨合法化,如果让修正案通过,只会使劳资关系的天平更加向资方倾斜。[2]

从这次围绕《公平工作法》修正案的争议来看,无论是联盟党政府还是工会理事会,关注的焦点都是在经济体系中日益增多,又因疫情缘故而愈加突出的弹性工作领域。莫里森政府

---

[1] "Break It Down for Me: Changes to Casual Work Laws", Australian Unions, Apr. 13, 2021, https://www.australianunions.org.au/2021/04/13/changes-to-casual-work-laws/.

[2] "Big Business and the Morrison Government Want to Cut Your Wages and Your Rights at Work", Australian Unions, Feb. 3, 2021, https://www.australianunions.org.au/2021/02/03/big-business-and-the-morrison-government-want-to-cut-your-wages-and-your-rights-at-work/.

敢拿临时工和兼职者的权益"开刀",应该是认为在这个群体中遇到的有组织反抗要显著弱于传统行业,况且从未来产业发展趋势看,在此树立的立法先例具有极高的潜在价值。

从工会理事会的反应来看,则明显存在以反修正案为契机,将工会影响力进一步向弹性工作领域渗透的策略考量。由此可见,工会组织也在通过自我调整,适应澳大利亚产业结构的新变化,发掘影响新时代劳资关系的自身潜力。

第五章　环境与利益

第一节　气候问题

澳大利亚气候干旱，森林火灾频仍。自20世纪初以来，该国年均气温每年上升近1℃，后半个世纪气温上升的速度又是前半个世纪的两倍。[①] 与气温不断上升相伴的是，自20世纪70年代以来，澳大利亚西南部的降水量下降了10%—20%；90年代以来，东南部的降水量也小幅下降。[②] 气候变化对澳大利亚的环境带来了严重影响，干旱、火灾、洪水、旋风越来越常见和持久，海岸线则受到了全球海平面上升的侵蚀和淹没。

2019—2020年蔓烧到全国的森林火灾，是澳大利亚有史以来经历的全球气候变暖恶果当中最极端、最严重的。

从2019年9月开始，新南威尔士州的火情扩散到了全州

[①] Bureau of Meteorology, "State of the Climate 2014", http://www.bom.gov.au/state-of-the-climate/2014/.

[②] "Hasta La Vista El Nino – but Don't Hold out for 'Normal' Weather Just Yet", The Conversation, Jan. 28, 2016.

100多个地点，维多利亚州东部与东北部的林火也越烧越猛，到了年底彻底失控；遭遇祸患的还有南澳大利亚州和首都领地的部分地区。昆士兰州东南部、西澳大利亚州西南部、北方领地、塔斯马尼亚州少数地区的火势相对较轻。到2020年1月，澳大利亚全境有18.626万平方公里的国土，不是在熊熊燃烧，就是已成了一片焦土。① 大火一直烧到了2020年3月才熄灭，给澳大利亚带来了极大的财产损失和环境破坏。

据悉尼大学的生态学者们估计，被大火吞噬的飞禽、走兽、昆虫多达4.8亿只，一些濒危物种从此绝迹。② 研究人员还发现了患严重肺病致死的老鼠原来是吸入了从50公里外飘来的PM2.5颗粒。火灾致死的400多人中，绝大多数也是因为吸入了过量烟尘。③ 2020年新年到来之际，许多大城市都出现了PM2.5浓度爆表的情况，首都堪培拉一度沦为了全世界空气质量最差的城市。④ 美国国家航空和航天局的分析报告显示，从2019年8月至2020年1月，仅新南威尔士州的大火就排放了3.06亿吨的二氧化碳，而2018年澳大利亚全国排放的二氧化碳也不过5.35亿吨。一般来说，林火排放的二氧化碳会随着森林的修复而被吸收，但是澳大利亚越来越干旱的气候可能

---

① "Government Set to Revise Total Number of Hectares Destroyed during Bushfire Season to 17 Million", 9 NEWS, Jan. 14, 2020.

② "Half a Billion Animals Perish in Bushfires", Northern Territory News, Jan. 1, 2020.

③ "These Native Mice Died from 'Severe Lung Disease' after Breathing Bushfire Smoke for just a Few Days", Australian Broadcasting Cooperation, Feb. 27, 2020; "Bushfire Royal Commission Hears that Black Summer Smoke Killed Nearly 450 People", Australian Broadcasting Cooperation, May 26, 2020.

④ "Canberra's Air Quality Is 'the Worst in the World' as Bushfire Smoke Shrouds Capital", SBS News, Jan. 1, 2020.

破坏树木重新生长的能力，导致需要几十年来吸收二氧化碳[①]。

环境问题对澳大利亚的经济、民生、公共卫生的负面影响是不言而喻的。据澳大利亚联邦科学与工业研究组织预测，澳大利亚大部分地区都会经历由气候变化导致的降水减少，以致进一步加重水资源紧张态势，危及对澳大利亚经济举足轻重的农业的品质。如今，澳大利亚东南部的水资源相对于高度密集的城市人口已近枯竭，而大堡礁生态系统的脆弱性也使澳大利亚沿海经济感受到了压力。目前受气候变化影响最大的是澳大利亚北部沿海地区居民，特别是占当地总人口30%的原住民，他们长期处在社会边缘，比其他群体更依靠自然资源提供衣食、健康和文化保障，如今却要面对极端气候、海平面上升、猎场减少、文化遗迹损毁等问题，令他们在去留问题上尤感纠结。[②]

早在20世纪70年代，环境问题就开始成为澳大利亚的一个政治议题。1972年，澳大利亚环保人士组建的塔斯马尼亚联合集团，被视为世界上第一个绿色政党。1992年，联邦级别的绿党宣告成立，使分散在各地的环保运动有了全国性的政治组织。通过碳定价、用可再生能源取代化石燃料等途径应对气候变暖，是澳大利亚绿党的重要主张。时至今日，绿党已经发展

[①] Heesu Lee, "Bushfires Release over Half Australia's Annual Carbon Emissions", Time, Dec. 24, 2019; "Australia's Bushfires Have Emitted 250m Tonnes of CO_2, Almost Half of Country's Annual Emissions", The Guardian, Dec. 13, 2019.

[②] Kerstin K. Zander, Lisa Petheram and Stephen T. Garnett, "Stay or Leave? Potential Climate Change Adaptation Strategies Among Aboriginal People in Coastal Communities in Northern Australia", Natural Hazards, No. 67 (2), 2013, pp. 591–609.

成为联盟党和工党之外的全国第三大党，拥有1.5万名注册党员[1]、两个智库和一家报刊，是澳大利亚环保运动的重要力量。

澳大利亚两大主流政党中也不乏重视环境问题者。20世纪80年代末90年代初，联盟党和工党之间就采取行动应对气候变化是有明确共识的。澳大利亚是通过全球协议解决臭氧层空洞的关键国家之一。不过1991年发生经济衰退后，联盟党在气候政策上转向保守，气候问题在两大主流政党的权力竞争中被高度政治化。

但是，真正制约澳大利亚走绿色发展道路的，还是澳大利亚现有的经济结构和能源利用结构。

据澳大利亚工业、科学、能源与资源部统计，澳大利亚是世界上人均碳排放量最高的国家之一，对全球气候变化影响甚大。2020年1—9月，澳大利亚的净排放量为5.101亿吨二氧化碳当量，其中电力占33.4%、固定能源（除电力）占20%、运输占17.6%、农业占14.1%。[2] 高排放的原因在于，澳大利亚不依赖核能发电，水力发电非常有限，发电主要靠化石燃料，尤其是煤炭，天然气次之。此外，对汽车、飞机等交通工具的高度依赖，炎热气候导致对制冷设备的依赖，也是排放量高的重要原因。

要真正实现减排，澳大利亚不可避免要对既有的经济结

---

[1] "Old Greens Wounds Reopen as Members Vote on Directly Electing Leader", The Sydney Morning Herald, Apr. 22, 2020.

[2] Department of Industry, Science, Energy and Resources, "National Greenhouse Gas Inventory Quarterly Update," Sep. 2020, https://www.industry.gov.au/data-and-publications/national-greenhouse-gas-inventory-quarterly-update-september-2020.

构、能源利用结构进行大的调整,触及方方面面的利益。正因为此,主流政党之间围绕碳减排的目标产生龃龉,采取的一些行动也往往达不到环境专家期望的程度。在环境政策上摆不平各方利益还会导致领导人的更迭。

第二节 减排之路

一、霍华德政府的减排计划

霍华德在任总理时,是想在减少碳排放上有所作为的。霍华德政府曾经考虑签署《京都议定书》①,同意将澳大利亚2010年的温室气体排放量控制在1990年排放量水平的8%。然而在美国国会没有批准《京都议定书》后,霍华德也选择不签署。他认为,没有美国参与的温室气体减排,对发展中国家中的排放大国将没有约束力,在这种情况下,澳大利亚签署《京都议定书》将导致本国因矿物燃料丰富而享有的相对优势受到削弱,进而使本国煤炭工业的竞争力受到损害。霍华德的决定,意味着将澳大利亚企业排除在了国际上不断成长的碳市场和碳排放交易体系之外,也使澳大利亚的减排项目很难获得外国投资,使澳大利亚的国际影响力受到限制。

---

① 全称为《联合国气候变化框架公约的京都议定书》,1997年12月在日本京都由联合国气候变化框架公约参加国三次会议制定,目标是"将大气中的温室气体含量稳定在一个适当的水平,进而防止剧烈的气候改变对人类造成伤害",其有效期是2005年2月至2012年12月。共有84个国家签署了该议定书,美国、澳大利亚、安道尔、巴勒斯坦、南苏丹未参加该协议,加拿大于2012年退出协议。

2006年6月6日，霍华德成立了一个特别工作组，负责对铀的开采、加工以及核能利用进行审查，以及对核能在多大程度上有助于减少温室气体排放做出评估。

同年12月10日，霍华德成立了一个总理排放交易专门小组，负责研究澳大利亚碳交易计划的制订。霍华德始终认为，澳大利亚拥有大量矿物燃料，铀储量丰富，这是澳大利亚的巨大竞争优势所在，减少温室气体排放断不能以损害这些优势为代价。在此前提下，霍华德要求总理排放交易专门小组就澳大利亚可以参与的全球排放交易系统的性质和设计提供咨询意见。

2007年7月，霍华德根据总理排放交易专门小组最终报告提出的建议，宣布政府将于2011年启动碳交易计划，要求企业必须购买许可证才能产生污染，并增加6.27亿澳元资金用于应对气候变化。在9月于悉尼举行的亚太经合组织第十五次领导人非正式会议上，霍华德和其他亚太经合组织成员国领导人，共同签署了《亚太经合组织领导人关于气候变化、能源安全和清洁发展的宣言》，又称《悉尼宣言》，各成员国同意努力实现到2030年将亚太地区能源强度在2005年基础上降低至少25%，及到2020年亚太地区各类型森林面积至少增加20万平方公里的两个意向性目标。

由于联盟党在2007年选举中失利，霍华德政府的减排计划未及付诸实施。

二、工党政府的减排计划

工党领袖陆克文是减排政策的积极鼓吹者和推动者，他认

第五章 环境与利益

为在排放问题上不作为的代价,将远远超出采取行动所付出的代价。在工党还是反对党的时候,陆克文就称气候变化是"我们这个时代最大的道德、经济和社会挑战",呼吁在2050年前将温室气体排放量减少60%[①]。

2007年12月3日,陆克文在宣誓就任总理数小时后,即签署了《京都议定书》。

他在任上创建了气候变化与水资源部,作为政府主管环境工作的一个重要部门。他设立的全球碳捕获和碳封存研究所等机构,在推动相关技术研究和国际交流合作方面颇有建树。

2007年4月底,受当时还是反对党领袖的陆克文的委托,经济学家罗斯·伽诺特对气候变化给澳大利亚带来的经济影响开展研究,先后于2008年2月、7月和9月,向陆克文政府递交了《伽诺特气候变化评估》的中期报告、报告草案和最终报告,提出了实现可持续繁荣的中长期政策建议,包括减排目标和碳交易方案,成为陆克文政府制定减排政策的有力依据。

2008年12月15日,陆克文政府以皮书的形式公布了碳减排计划,明确了在2010年引入碳排放交易方案,对2020年澳大利亚温室气体排放的目标提出建议,即在2000年的基础上减少5%—15%。但是伽诺特认为政府设定的2020年减排目标过低,指出计划中的对排放密集型产业的援助措施给政府带来了极大的财政风险。2009年5月,陆克文宣布将该计划的目标从2000年的水平提高到25%。

联盟党和绿党从不同的角度反对该计划,前者指责该计划

[①] "Rudd Lays out His Platform as Clayton's Election Campaign Rolls on", The Age, Mar. 9, 2007.

◇ 21世纪澳大利亚的变局与探索

损害澳大利亚的竞争力,而后者则认为计划过于保守,达不到减排要求。根据反对党领袖纳尔逊的要求,议会对该计划的表决推迟到了2009年12月哥本哈根气候大会之后。陆克文继续与绿党和反对党进行磋商。在与绿党无法达成共识的情况下,陆克文最终与接替纳尔逊成为反对党领袖的特恩布尔达成了协议,对计划做了一些修改,准备再次提交议会表决,不料特恩布尔的决定在联盟党内遇到了强烈反对,特恩布尔不久就在自由党内的"政变"中被阿博特取代,阿博特将陆克文的减排方案归结为是"向一切事物大征税"的方案,拒不接受前任与陆克文达成的协议,陆克文只好再次将计划推迟。

坚定支持该计划的环境保护团体强烈批评该计划的拖延实施,环保人士蒂姆·弗兰纳里发表评论称,总理的决定令他感受到了"背叛"。①

从《伽诺特气候变化评估》发布时起,澳大利亚最大的企业家组织澳大利亚工商协会,就批评减排措施会影响国家经济增长,为企业界发声的经济学家们也纷纷跳出来论证减排政策制造的财政负担远远大于气候变化带来的经济损失。陆克文政府不得不采取一些措施以安抚企业界的不满情绪。2009年10月,能源部长马丁·弗格森在《澳大利亚金融评论报》上撰文,表示将增加天然气产量,继续支持一批新煤矿项目上马。②

陆克文的妥协未能安抚企业界,却让工党内部的支持者们对他寒心,这成为其在2010年6月党内"政变"中被吉拉德

---

① "Climate Backflip 'Betrays' Our Trust", The Canberra Times, Oct. 22, 2009.

② Martin Ferguson, "Preparing for a Breakthrough in Coal", The Australian Financial Review, Oct. 22, 2009.

取代的一个重要原因。

吉拉德在2010年竞选时,承诺通过设立公民大会来审查气候变化的证据、采取行动的理由,以及限制和减少碳排放的市场机制,为碳定价建立"全国共识"。2010年大选之后,吉拉德领导的工党与绿党和独立人士组成了少数派政府。主要是出于对绿党的妥协,吉拉德政府没有组建公民大会,而是成立了一个由多党派代表组成的气候变化委员会,围绕气候变化的科学问题、气候变化对健康的影响、可再生能源利用和如何开展国际合作等方面进行研究。同年吉拉德政府又设立了气候变化局,以审查各种应对气候变化的政策,为政府和议会提供政策咨询。

2011年2月,在议会中多个党派有了基本共识的基础上,吉拉德政府推出了《2011年清洁能源法案》,先后在10月和11月获得众议院和参议院批准。根据该法案,重污染企业须为其排放的每一吨碳支付23澳元,为了补偿征税对经济的抑制作用,法案还削减了年收入不足2万澳元者的个人所得税,向中低收入家庭支付清洁能源预付款,一些污染企业也可以获得直接补偿,或者获得贷款引进节能技术,改用清洁能源。法案于2012年7月生效,至2014年7月被联盟党政府废除,在其存在的两年内,碳排放量削减了1700万吨。① 但是由于阿博特为首的反对党叫嚣要在上台后废除该法,吉拉德班子的精力又受到党内斗争的钳制,导致清洁能源计划前途莫测,执行力度大打折扣,未能有效抑制矿业的投资增幅,也未能大幅激励对

---

① "Carbon Price Helped Curb Emissions, ANU Study Finds", The Guardian, Jul. 26, 2014.

清洁能源的投资。①

为配合减排，吉拉德政府计划投入 4 亿澳元，推行"洁能汽车回扣计划"，也称"旧车换现金计划"，将重污染汽车从流通中移除。此外，其还为推行太阳能回扣计划和碳捕获研究制定了庞大的预算。然而 2010—2011 年昆士兰州暴发洪灾之后，吉拉德政府不得不削减在减排上的投入，用节省下来的资金抗洪救灾。上述这些计划的资金都受到了不同程度的削减。

三、工党政府的采矿税

陆克文政府在台上的最后几个月，提出对矿业企业征收 40% 的资源超额利润税，矿业企业和阿博特领导的反对党强烈反对征收此税，陆克文政府开展了一场声势浩大的宣传活动，鼓动公众支持该税。

吉拉德取代陆克文成为总理后，终止了宣传活动，承诺就资源超额利润税重新协商，之后推出了矿产资源租赁税，将陆克文计划征收的 40% 超额利润税降至 30%，许诺将把筹集到的资金用来为企业减税、投入基础设施建设，并提高养老金的担保率。矿产资源租赁税提案得到了澳大利亚总工会和建业—林业—海事—矿业—能源工会的支持，也得到了绿党有条件的支持，先后于 2011 年 11 月和 2012 年 3 月获得参众两院通过，于 2012 年 7 月 1 日生效。

---

① Preston Teeter and Jorgen Sandberg, "Constraining or Enabling Green Capability Development? How Policy Uncertainty Affects Organizational Responses to Flexible Environmental Regulations", British Journal of Management, No. 28 (4), 2016, pp. 649 – 665.

不过，矿产资源租赁税遭到了靠化石能源牟利的企业的强烈反对。这一次，力拓公司与必和必拓公司这两大能源企业没有公开站出来反对，而是让福特斯克金属集团、斯特拉塔公司、汉考克勘探公司等企业冲在第一线。澳大利亚汉考克勘探公司总裁吉娜·莱因哈特、福特斯克金属集团董事长安德鲁·弗里斯特，都是反对采矿税的"急先锋"，他们指责采矿税将使数十亿澳元的投资落空。在矿业企业的资助和代表其利益的院外活动团体的运作下，澳大利亚的商业电视台和报刊上充斥着对吉拉德政府的口诛笔伐。

吉拉德和斯旺也利用媒体和议会进行反击，指责莱因哈特、弗里斯特等人凭借雄厚财力来破坏公共政策。

实际上，吉拉德政府并不会为了采矿税而激化与矿业财阀的矛盾。在舆论战如火如荼之际，吉拉德政府的部长们也抛出了一些橄榄枝，譬如表示愿意为莱因哈特从国外引进1700名熟练工人开绿灯，使其投资的铁矿石厂顺利开工。工会领袖保罗·豪斯对此极为不满，他质问政府："我以为我们现在正在攻击这些家伙。我们究竟站在哪一边？"[①]绿党也认为矿产资源租赁税对大型矿业企业的征税力度不够，终止了与工党结盟的政策。

四、联盟党在环境政策上开倒车

在联盟党内部，阿博特是气候政策上极其保守的群体的代表人物。在他取代特恩布尔成为自由党党首后，在气候政策上

[①] "PM – Govt Overseas Guest Worker Deal for Iron Ore Project 'Lunacy'", Australian Broadcasting Cooperation, May 25, 2012.

处处为难工党政府，不过与党内最极端的人士相比，阿博特至少承认气候变化是真实存在的问题，需要采取一定措施来应对，但是绝不同意工党政府强制性的、耗资大的、触动既得利益的减排政策。在 2013 年大选前夕，阿博特在澳大利亚广播公司的一个电视访谈节目中表示，应对气候变化的行动不应损害澳大利亚经济，基于激励机制的直接行动政策是应对气候变化的明智方法，而高额税收不是处理问题的好方式。[①]

大选期间，阿博特还承诺要为节能减排建设 100 万个太阳能屋顶。2013 年 11 月，阿博特政府决定不派部长级代表出席 2013 年在华沙举行的第 19 届联合国气候变化大会。几天后，阿博特政府放弃了陆克文时期制定的长期减排目标，即到 2020 年将排放量减少到 2000 年水平的 5%—25%，仅承诺实现 5% 的近期减排目标。

2014 年 7 月，阿博特政府废除了陆克文—吉拉德政府的碳定价体系，使澳大利亚成为第一个废除碳价的发达国家。此外，阿博特政府还取消了到 2020 年从污染制造者手中征收 240 亿美元碳税的计划。

同年 9 月，阿博特政府以精简机构为名，裁撤了气候委员会，将其职能归入环境部。气候变化局、清洁能源融资公司、国家水利委员会等机构也在裁撤名单上。阿博特政府还从"国土保护"和"关爱我们的国家"项目中削减了 4.84 亿澳元，转用于东西连接高速公路项目。

在废除碳定价体系和碳税后，阿博特政府为了平息国内外

---

① "Tony Abbott Joins Insiders", Australian Broadcasting Cooperation TV Program, Sep. 1, 2013.

的舆论压力，推出了一个减排基金项目，通过由政府以逆向拍卖方式收购企业的减排量，激励企业自行减排。阿博特政府为减排基金提供了25.5亿澳元启动资金。

2015年12月，阿博特政府派代表参加了在巴黎召开的第21届联合国气候变化大会，澳大利亚和其他与会的177国共同签署了《巴黎协定》。《巴黎协定》是《京都议定书》到期后国际气候合作达成的新安排，协定设立的长期目标，是将全球平均气温上升幅度较工业化前的水平控制在1.5℃以内。

2016年，特恩布尔取代阿博特当上总理后，于11月批准了由阿博特政府签署的《巴黎协定》，但是特恩布尔认为光靠激励机制促使企业减排是不够的，还是要有适度的强制措施。

2017年10月，为确保澳大利亚能源利用的可负担性和可持续性，特恩布尔政府推出了《国家能源保障计划》，其中就有按照2005年标准计算，将2030年减排目标定为26%的硬性要求，为此规定了能源零售商供应的能源产品的平均碳排放水平，须符合澳大利亚在《巴黎协定》中承诺的减排标准，还提出了要提高可再生能源发电量的比重。

对于《国家能源保障计划》，工党和绿党批评其减排目标定得过低，而联盟党内部以阿博特为代表的反对势力指责减排目标不利于经济民生。为了确保该计划在议会通过，特恩布尔选择向党内反对势力屈服，于2018年8月宣布将减排目标从能源保障计划中删除。不过，此举却未能扭转他在党内"政变"中再次下台的命运。

莫里森成为总理后不久，即废除了《国家能源保障计划》，于2019年2月推出了《气候解决方案》，其实就是把阿博特时期设立的、被特恩布尔政府边缘化的减排基金项目重新包装，莫里森政府计划为此投入20亿澳元。此外，《气候解决方案》还包括一些降低电力成本、高效利用能源的措施。

不过总体来说，在大部分发达国家正在用可再生能源替代传统能源的大趋势下，莫里森政府却偏向传统能源产业，对节能减排的支持力度十分有限。2020年11月，美国特朗普政府退出了《巴黎协定》，莫里森政府虽然没有正式声明退出这一协定，却在实际行动中追随美国，逃避国际气候治理责任，将制订削减碳排放的计划一拖再拖，也不向联合国设立的绿色气候基金提供资金支持，使得澳大利亚对《巴黎协定》的承诺沦为了一纸空文。

2019—2020年澳大利亚发生了殃及全国的森林大火，愤怒的澳大利亚民众走上街头，抗议莫里森政府在应对气候变化上的消极态度，呼吁政府拿出有力的措施。可是莫里森政府却极力否认火灾的气候因素，将之归咎于纵火行为，并解释说减排会造成大量失业。虽然如此，莫里森政府无法做到完全无视民众当中日益高涨的环保诉求，更不敢对美国向其施加的减排压力无动于衷。2021年10月下旬，莫里森决定参加将在格拉斯哥举行的第26届联合国气候变化大会，并且表示将坚持2030年实现排放较2005年的水平减少26%的目标。

第三节　开发核能

澳大利亚拥有世界33%的铀矿藏，是仅次于哈萨克斯坦和加拿大的世界第三大产铀国，最主要的铀矿是北方领地的护林人矿、南澳大利亚州的奥林匹克大坝矿和贝弗利四英里矿。自

20世纪50年代以来，自由党一直倡导发展核电和核工业。

然而，澳大利亚反核运动历史悠久，最早可以追溯到1972—1973年围绕法国在太平洋进行核试验的争论，以及1976—1977年关于澳大利亚开采铀矿的争论。反核人士担心发展核能带来的环境和经济成本，以及将核裂变材料用于核武器生产等问题。

2003年，支持利用核能者主张将核能作为应对全球变暖的办法，谋求转向低碳发电的霍华德政府对此颇感兴趣，并就利用核能减少温室气体排放的可行性开展过研究。但反核运动人士和一些科学家却指出，核能并不能取代其他能源，开采铀矿本身就可能升高温室气体排放。

工党政府上台后，旗帜鲜明地反对利用核能，却不能阻止一些州政府探索利用核能。2015年3月，南澳大利亚州总理杰伊·韦瑟里尔发起成立核燃料循环皇家委员会，调研该州未来推动核燃料循环利用的可能性。2016年5月，委员会发布报告，建议废除在全国发展核电站的禁令。支持该倡议的新南威尔士州副总理约翰·巴里拉罗也一直敦促就澳大利亚核电前景展开一场辩论。①

阿博特在任时，主张修法允许在澳大利亚建核电站。2017年11月，参议员科里·贝尔纳迪向参议院提交了《2017年核燃料循环（便利化）法案》，旨在废除建设核电站的禁令。②

---

① "'We've Been Led by Fear and Mistruths': NSW Deputy Premier's Nuclear Power Bombshell", Australian Broadcasting Cooperation, May 19, 2017.
② "Bernardi Wants Nuke Power Plant Ban Lifted", SBS News, Nov. 30, 2017.

第四节 可再生能源

一、强制性可再生能源目标

鼓励澳大利亚发展可再生能源的一项关键政策,是联邦政府和州政府制定的强制性可再生能源目标。2001年,霍华德政府推出了2010年9500千兆瓦时的新型可再生能源发电计划。2009年8月,联邦议会通过了陆克文政府对可再生能源目标的调整,确保到2020年可再生能源在澳大利亚电力供应中占20%的份额。2011年1月,为确保实现这一目标,吉拉德政府承诺将2020年的强制性可再生能源目标从9500千兆瓦时增加到4.5万千兆瓦时。2012年,吉拉德政府将强制性可再生能源目标拆分为小型可再生能源计划和大型可再生能源目标组件,以保障对大型并网可再生能源有充分的激励措施。

一些州也实施了独立于联邦的可再生能源计划。例如,在联邦政府对强制性可再生能源目标进行拆分之前,维多利亚州的可再生能源目标计划规定额外将该州可再生能源发电负荷增加5%。

南澳大利亚州提前3年实现了计划在2014年达到的可再生能源供应占20%的目标,随后又制定了到2020年实现可再生能源供应占33%的新目标。

二、相关立法与机构设置

根据《可再生能源电力法2000》,澳大利亚设立了基于互

第五章　环境与利益

联网的登记系统——可再生能源证书登记处。其职责是维护各种登记册，促进可再生能源证书的创建、登记、转让和移交。

2011年11月，在工党、绿党、自由党、国家联盟党的一致支持下，《2011年澳大利亚可再生能源机构法》获得议会通过。根据该法于2012年成立了澳大利亚可再生能源局，具体职能包括：制订可再生能源开发、示范、前商业化阶段的推进计划；增加可再生能源技术在澳大利亚的商业应用；设立创新基金资助新技术、新企业，加速澳大利亚向可再生能源经济过渡。

2012年7月22日，联邦议会又通过了《2012年清洁能源融资公司法》，授权成立清洁能源融资公司，其作用是充当政府的"绿色银行"，促进越来越多的资金流入清洁能源部门，用于可再生能源的开发、高效利用和低排放技术的商业化应用。清洁能源融资公司归能源和减排部长与财政部长领导。

阿博特上台后，企图裁撤清洁能源融资公司，联盟党参议员亚瑟·西诺迪诺斯为阿博特站台，声称如果清洁能源融资公司盈利，就应该在没有政府支持的情况下生存下去。虽然如此，裁撤清洁能源融资公司并将其资产和负债转交给政府的法案，未能在议会获得通过。但是阿博特随即宣布禁止清洁能源融资公司投资风能和屋顶太阳能。

不过几个月后阿博特被特恩布尔所取代，后者解除了对清洁能源融资公司投资风力发电的禁令，还指示清洁能源融资公司专注于对创新和新兴技术的投资。继特恩布尔成为总理的莫里森也对清洁能源融资公司的作用持肯定态度，认为它是世界上最成功的绿色银行，满足了国家约1/4的电力需求，体现了澳大利亚为全球减排作出的贡献。2020年8月，联邦议会通过立法授权设立电网可靠性基金，为清洁能源融资公司增加了10亿美元的投资能力。

三、风能

中纬度风暴带是世界上风能资源最丰富的地区之一，澳大利亚南部海岸正处在这个风暴带中，东部的大分水岭坡地也是风能丰富的地区，由此不难理解为何风力会成为澳大利亚主要的可再生能源之一。

政府制定的强制性可再生能源目标，是风力发电厂在21世纪大量建设的主要原因。2019年，风力发电占电力供应的8.5%，占可再生能源供应总量的35.4%。截至2019年12月，澳大利亚共有101个风电场，其中大多数拥有1.5—3兆瓦的涡轮机，风电装机容量为6279兆瓦，此外，30个总装机容量超过5500兆瓦的项目正在建设中。截至2020年2月，电力部门又拟建或承诺装机容量21845兆瓦。[①]

四、太阳能

在澳大利亚，太阳能发电是一个快速增长的行业。2009—2011年，澳大利亚光伏装机容量增加了10倍，2011—2016年又翻了两番。自2018年以来，澳大利亚太阳能光伏安装量突然上升，推动该国在2019年年中之前从太阳能光伏领域相对落后的国家成为该领域的领头羊。截至2020年12月，澳大利

---

① Clean Energy Council, "Clean Energy Australia Report 2020", https://assets.cleanenergycouncil.org.au/documents/resources/reports/clean-energy-australia/clean-energy-australia-report-2020.pdf.

亚已建有超过266万个太阳能光伏装置，总容量达到20198兆瓦，其中至少3906兆瓦是在过去一年中安装的。截至2019年底，澳大利亚光伏装机容量和人均太阳能发电装机容量已经超过了德国。①

五、生物燃料

生物燃料是由有机物产生的燃料，包括植物材料和动物粪便，被认为是一种可以帮助减少碳排放的可再生能源。目前澳大利亚生产的两种主要生物燃料是生物柴油和生物乙醇，分别用作柴油和汽油的替代品。截至2017年，澳大利亚还是一个生物燃料的小生产国，生物燃料仅占澳大利亚液态和气态运输燃料能源总量的0.5%，占世界生物乙醇产量的0.2%，占世界生物柴油产量的0.1%。②

在开发生物燃料方面，昆士兰州政府制订了一系列计划，旨在使该州成为生产商用生物燃料的中心，服务军事、海洋和航空等领域。昆士兰州生物柴油授权要求所有销售的柴油中生物柴油占0.5%。自2017年1月1日起，昆士兰州政府要求加油站确保乙醇占其每季度常规和乙醇混合无铅汽油销售总量的3%，成为客户可以自由选择使用的燃料。从2018年7月1日

---

① International Energy Agency, "National Survey Report of PV Power Applications in Australia 2019", pp. 5 – 8.
② Mike Cochran, "Australian Biofuels 2017 Industry Overview and Developments – Asian Pacific Fuel Industry", Sep. 2017.

起，昆士兰州的生物汽油授权增至4%。①

无独有偶，新南威尔士州也规定生物柴油至少占所有柴油销售总量的2%，要求生物乙醇占汽油销售总量的6%。②

围绕乙醇的授权存在一定争议。澳大利亚政府生产力委员会在2017年建议：在2018年底之前取消新南威尔士州和昆士兰州的授权，称其会影响竞争态势，导致消费者因优质燃料替代而蒙受损失。③

此外，也有专家指出，生物燃料作物是使用单一栽培方法种植的，过多开发可能会减少生物多样性。由开发生物燃料导致的直接和间接的土地利用变化，可能致使地面、地下的生物量和土壤有机碳损失，从而改变土地的碳储存量，引发大气中温室气体增加。而且，为了开发生物燃料而砍伐森林或分割森林，生物燃料的减污效益就会受损或蒸发，导致污染净增加，反而给环境带来负面影响。④ 目前，政府还没有出台与生物燃料生产相关的政策、规则与条例来保护生物多样性和环境可持续性。

---

① Queensland Government, "Queensland Biofuel Mandates", https://www.business.qld.gov.au/industries/manufacturing－retail/retail－wholesale/selling－fuel－qld/qld－biofuels－mandates; "Queensland Biofuel Mandate", https://e-10ok.initiatives.qld.gov.au/about/biofutures.

② New South Wales Government, "Service Stations － Biofuels Requirements", https://www.fairtrading.nsw.gov.au/trades－and－businesses/business－essentials/service－stations.

③ "Productivity Commission Calls for NSW to Axe Ethanol Mandate", The Sydney Morning Herald, Apr. 3, 2017.

④ Hugo Valin and Daan Peters, "The Land Use Change Impact of Biofuels Consumed in the EU － Quantification of Area and Greenhouse Gas Impacts", ECOFYS, Aug. 27, 2015.

六、地热能

澳大利亚中部有已知和潜在的地热能,已经钻井探测到了地表深度含有热干岩,发展地热能潜力巨大。目前,六个州和北方领地都在进行地热能勘探,寻找巨大的热岩块,其断裂系统可以通过注入的水产生电力,通过裂缝循环作为蒸汽返回地面,然后再用于旋转蒸汽轮机。不过将地热能投入商业生产尚需时日。

第六章 原住民与联邦

第一节 不公境遇

澳大利亚原住民是澳大利亚土著和托雷斯海峡岛民的总称,是欧洲人殖民之前居住在澳大利亚大陆及其附近岛屿的族群的后代,也是最早居住在澳大利亚大陆及其附近岛屿的民族。

18 世纪末欧洲人开始在澳大利亚殖民时,澳大利亚原住民人口估计有 125 万。但是在欧洲人蜂拥而至后,原住民因为对欧洲传入的疾病缺乏免疫力,加上殖民者的屠杀,人口锐减。[①] 进入 20 世纪后半叶,原住民争民权的运动逐渐取得成果,境遇得到改善,人口也逐步增加。根据澳大利亚政府 2016 年公布的人口统计结果,原住民总人口约为 79.8 万,占澳大利亚

[①] Raymond Evans, "A History of Queensland", Cambridge UK: Cambridge University Press, 2007, pp. 10 – 12.

第六章　原住民与联邦

总人口的3.3%。[①]

在欧洲人到来之前，澳大利亚各地都有原住民的部落，如今，原住民主要分布在新南威尔士州、昆士兰州、西澳大利亚州和北方领地。[②]

澳大利亚成立后，在近70年里实行"白澳政策"，为了消除原住民原有的身份认同，使其同化于盎格鲁－撒克逊文化，1905—1967年澳大利亚联邦和各州的议会作出决定，由政府、教会等机构出面，将具有原住民血统的儿童以及原住民与其他族裔通婚所生的混血儿童，强行从其家中带走，交给白人家庭和机构抚养，这种做法在一些地方一直持续到20世纪70年代。人们将这些被带走的孩子称为"被盗走的几代人"。澳大利亚政府健康与福利研究所2019年的一项研究显示："被盗走的几代人"的后代，多数存在心理健康问题，比起那些没有经历过骨肉分离的原住民，他们成年后的文化水平和经济能力总体上都更差。这只能说明同化政策对原住民是一种摧残。[③]

虽然澳大利亚政府在1967年正式摒弃了不人道的"白澳

[①] Australia Bureau of Statistics, "Estimates of Aboriginal and Torres Strait Island Australians", https：//www.abs.gov.au/statistics/people/aboriginal－and－torres－strait－islander－peoples/estimates－aboriginal－and－torres－strait－islander－australians/latest－release.

[②] Australia Bureau of Statistics, "Estimates of Aboriginal and Torres Strait Island Australians", https：//www.abs.gov.au/statistics/people/aboriginal－and－torres－strait－islander－peoples/estimates－aboriginal－and－torres－strait－islander－australians/latest－release.

[③] Australian Institute of Health and Welfare, "Children Living in Households with Members of the Stolen Generations", https：//www.aihw.gov.au/getmedia/a364d8f1－eeee－43c3－b91e－0fb31ebecf30/AIHW214－Children－and－Stolen－Generation.pdf.aspx? inline＝true.

政策",又于20世纪90年代启动了民族和解进程,少数原住民生逢其时,得以凭借自身的才智和努力跻身于澳大利亚的精英阶层,成为受人尊敬的律师、官员、运动员、艺术家,但是对于整个原住民群体而言,消除过去的殖民统治和"白澳政策"的消极影响依然任重道远,原住民依然是澳大利亚社会中的弱势群体。

虽然早在1967年澳大利亚就修改了宪法,将原住民纳入全国人口统计,由此确保了全体成年原住民选举与被选举的公民权利,但是截至2021年,担任联邦参议员的原住民政治家只有7位(参议院共76席),担任众议员的只有2位(众议院共151席)。在六个州和两个领地的议会中,北方领地现有5位原住民议员,昆士兰州有3位,塔斯马尼亚州有2位,南澳大利亚州、西澳大利亚州、维多利亚州均为1位,首都领地和新南威尔士州没有原住民议员。由此可见,原住民的政治代表性严重不足。[1]

与全国平均水平相比,原住民的就业率和收入也偏低。争取澳大利亚原住民权利的"澳大利亚人团结起来"组织,在网站上引用澳大利亚统计局、总理与内阁部等机构的数据:2014—2015年,20—64岁的原住民,就业率在48%左右,而同样是20—64岁的非原住民,就业率为75%;同一时期,原住民每周的收入中值为542美元,而非原住民为852美元,相差310美元。[2]

---

[1] 根据澳大利亚联邦议会和各州、领地议会网站公布的信息整理。

[2] "Indigenous Disadvantage in Australia: The Disparity between Indigenous and Non - indigenous Australians", https://australiantogether.org.au/discover/my - part/why - me/.

原住民就业率偏低的一个重要原因是原住民的文化程度偏低。根据澳大利亚政府生产力委员会发布的《克服原住民的不利条件：2020关键指标》报告，截至2019年，20—24岁的原住民完成12年制或相等程度学业的比率是66%，而在较长时期，同龄的非原住民完成相同学业的比率维持在90%上下。[①]

原住民不仅犯罪率高，沦为犯罪活动受害者的比重也同样高。在澳大利亚，原住民在囚禁期间死亡是一个政治和社会问题。自20世纪80年代以来，澳大利亚社会开始关注原住民在囚禁期间死亡的问题，1987年成立了调查原住民在囚禁期间死亡事件的机构——原住民在押死亡调查皇家委员会。1991年4月，该委员会发布了调查报告，提出了339条防止在押死亡事件的建议。但是2017年12月，原住民事务部长奈杰尔·斯卡利翁发现，这339条建议中只有64%得到了充分执行[②]。

第二节　安抚政策

一、联邦原住民事务机构

自20世纪50年代开始，原住民和同情原住民的白人通过各种形式，为原住民争取政治、经济、教育、文化等各项权利，谋求缩小原住民与白人的差距。代表原住民利益的社会组

---

① Australian Government Productivity Commission, "Overcoming Indigenous Disadvantage: Key Indicators 2020", p. 17.
② "Indigenous Deaths in Custody: Key Recommendations Still Not Fully Implemented", The Guardian, Oct. 24, 2018.

织随之出现，如存在于 2009—2019 年的澳大利亚最早定居民族全国大会。大多数团体选择走合法维权的路线，极少数试图脱离联邦实行自治。澳大利亚政府不得不重视原住民的诉求，在原住民政策上做出顺应时代潮流的改革。原住民事务机构的设立和改革反映了澳大利亚政府处理原住民问题的方式。

1968 年，澳大利亚政府设立专管原住民事务的部级机构。政府不断换届，机构的名称也不断变化，有时职权与其他部门合并，有时又剥离开来。在霍华德政府的四个任期，机构三易其名，先后为"和解与原住民和托雷斯海峡岛民事务部""移民、多元文化和原住民事务部""家庭、社区服务和原住民事务部"。到了陆克文执政时期，更名为"家庭、住房、社区服务和原住民事务部"，吉拉德时期又改回"家庭、社区服务和原住民事务部"，为二次执政的陆克文延用。阿博特时期改称"原住民事务部"，并入总理与内阁部，以凸显其重要性。2019年莫里森赢得连任后，又更其名为"澳大利亚原住民部"，被他委任为部长的肯·怀亚特是第一位担任主管原住民事务部长的原住民政治家。

不管名称和职权发生什么变化，主管原住民事务的部长职责都是协助总理处理原住民事务，并领导下辖的原住民政策协调办公室、原住民公司注册办公室、托雷斯海峡区域管理局、原住民土地海洋公司等机构，贯彻国家的原住民政策。

在原住民民权运动推动下，澳大利亚政府还设立了其他机构来回应原住民的诉求，有些机构虽由政府资助，但是独立运作。

成立于 1986 年，现名为人权委员会的组织，就是政府资助的独立机构，委员会设有原住民社会公正委员，专门负责原

第六章　原住民与联邦

住民遭遇种族歧视以及各种侵权问题。

1990年，霍克政府成立了澳大利亚原住民与托雷斯海峡岛民和解委员会，一批涉及原住民的计划和机构都归入该委员会，原住民参与委员会事务的空间较大。

2004年5月，霍华德政府成立了原住民事务部长级工作组，由移民、多元文化和原住民事务部长担任组长。同年7月又设立了原住民政策协调办公室，承担被撤销的和解委员会的责任。2006年1月27日，原住民政策协调办公室并入了家庭、社区服务和原住民事务部。

2004年11月6日，霍华德政府组建了一个有14名成员的全国原住民委员会，将其作为咨询机构，向原住民事务部长级工作组提供专业意见，但不参与制定资金扶持的具体方案或特定原住民社区的具体规划。然而，全国原住民委员会却没有得到原住民的信任，委员会成员的任命在原住民领袖和活动家当中引起了争议，他们认为政府指定的机构成员无权代表原住民发声，要求由原住民选出来的机构为原住民服务。[1]

霍华德政府声称全国原住民委员会只是在合适的民选机构产生之前的一种临时性安排，与被撤销的和解委员会不可同日而语，但是在实际操作中，霍华德内阁确实有意把全国原住民委员会作为和解委员会的替代品。[2]

工党陆克文政府上台之后，顺应了原住民的要求，于2008

---

[1] "Australian Government Announcement of New Indigenous Council Sparks Debate", Cultural Survival, https://www.culturalsurvival.org/news/australian-government-announcement-new-indigenous-council-sparks-debate.

[2] "RIGHTS - AUSTRALIA: Concerns over New Indigenous People's Body", Inter Press Service, Mar. 16, 2008.

年终止了全国原住民委员会的工作。

阿博特在问鼎总理之前，担任过反对党影子内阁的原住民事务部长，以原住民权利的维护者自居。在2013年的选举中，他承诺将原住民事务置于总理内阁部的优先地位。2013年11月，阿博特政府成立了一个由12名成员组成的原住民咨询委员会，主要职能是就原住民政策向政府提供咨询。阿博特政府吸收了全国原住民委员会不受原住民信任的教训，任命原住民领袖沃伦·曼丁担任咨询委员会的负责人。咨询委员会每年与总理和部长举行三次会议。

2019年7月，莫里森政府在总理与内阁部之下，成立了全国澳大利亚原住民事务局，主要职责是围绕原住民政策规划和执行协调政府相关部门的工作，原住民事务局对澳大利亚原住民部长负责。同年10月，又成立了名为"原住民向政府发声"的机构，作为原住民表达自身诉求的一个渠道。

二、北方领地应急计划

2007年6月，关注原住民儿童权益的人士发布了《儿童是神圣的》调查报告，揭示了被社会长期忽略的北方领地原住民儿童受虐待的情况已经达到了触犯刑律的程度。报告一经发布，舆论为之哗然。当时正值大选之年，为了平息民愤，霍华德政府于8月公布了北方领地应急计划，由政府拿出16亿澳元来改善北方领地原住民的生存境遇，对涉及当地原住民福利待遇、治安环境、儿童救助等方面的法规条令进行修订。这一主张得到了反对党工党以及一些原住民领袖的支持，从而《2007年北方领地国家应急法案》在议会顺利通过。作为改善

第六章　原住民与联邦　◇

社会治安的重要内容,政府在北方领地原住民社区实行禁酒、扫黄、严打犯罪,为此在原住民社区加强了警力部署,甚至派军队进驻。为了防止原住民在自己的社区转化为城郊的过程中利益受损,政府强制获得当地社区土地5年租赁权。①

北方领地应急计划实施后,社会反应两极分化:赞许者肯定其在改善治安和卫生方面取得的成就;批评者认为政府强制获得当地社区土地5年租赁权、取消原住民社区土地使用权许可证、限制原住民福利金的用途,以及禁酒和扫黄,都是种族歧视行为。2010年,联合国特派调查员詹姆斯·阿那亚也为这一观点背书。②

工党政府上台后,对《2007年北方领地国家应急法案》进行了四次修订,取消了一些被认为是歧视的做法。

陆克文政府于2009年5月将北方领地500个小社区的财政责任移交给了北方领地政府。根据名为"工作未来"的政策,国家拨款1.6亿美元,将20个"领土增长型城镇"发展为周边社区的经济中心和服务中心,为周边原住民提供教育、卫生服务,包括对糖尿病、尿毒症、心脏病患者进行治疗。

2011年6月,吉拉德总理视察了北方领地,认为北方领地应急计划实施以来,北方领地原住民儿童受侵犯的情况得到了遏制,健康状况和福利待遇有所改善,不过政府还需在改善原住民的居住条件和拓宽原住民表达自身意愿的渠道等方面,继

---

① Australian Government, "Northern Territory National Emergency Act 2007", https://www.legislation.gov.au/Details/C2007C00525.
② "Top Leader Now Backs Territory Intervention – National", The Age, Sep. 19, 2007; James Anaya, "Observations on the Northern Territory Emergency Response in Australia", United Nations Report, Feb. 2010.

续下功夫。

2012年7月,吉拉德政府以《北方领地更强未来法案》代替了《2007年北方领地国家应急法案》,致力于为北方领地原住民创造更多的教育机会和就业机会,进一步解决儿童保护、社区安全、食品安全等问题。这部法案实施至今。①

三、道歉与赔偿

20世纪80年代,澳大利亚历史学者彼得·里德提出了"被盗走的几代人"这一概念②,这个群体的悲惨命运开始走进了人们的视线,为原住民讨还历史公道,成为了原住民争取权利运动的重要内容。在社会压力下,基廷政府时期启动了对"被盗走的几代人"的境遇调查,至1997年公布了名为《带他们回家》的调查报告,提出了向原住民道歉和赔偿的问题。

然而,当时执政的霍华德总理强烈反对道歉提议,声称他不认为当代白人应该为前几代白人的行为承担责任。不过,他表示对原住民过去遭受的不公感到痛心。1999年8月,霍华德对议会提出的一项白人与原住民和解的法案表示赞同,显示他愿意在健康、教育、住房、就业等领域与原住民实现"实质性"地和解,但绝不支持向原住民道歉这种具有象征意义的举

---

① Australian Government, "Stronger Future in the Northern Territory Act 2012", https://www.legislation.gov.au/Details/C2016C00446.
② Peter Read, "The Stolen Generations: The Removal of Aboriginal Children in New South Wales 1883 – 1969", Surry Hills: New South Wales Department of Aboriginal Affairs, 1982.

第六章 原住民与联邦 ◇

措,也不支持原住民习惯法和原住民自决权。①

与霍华德政府的保守态度相比,陆克文政府在承认历史错误、推动与原住民和解的问题上,显示了更大的勇气和决心。2008年2月13日,道歉提议被送交议会表决,陆克文在议会宣读了道歉词。道歉词的文本里没有提到要对整个原住民或对"被盗走的几代人"做出赔偿,不过陆克文随后在向众议院发表的20分钟演讲里,提到有必要做出赔偿。反对党领袖纳尔逊也发表了20分钟演讲表示赞同。②

当天,参众两院先后通过了道歉动议。反对党6名反对道歉的议员离开会场以示抗议;彼得·达顿是唯一对道歉动议投弃权票的前排议员③,他后来在联盟党莫里森政府里担任国防部长。

与道歉相比,对"被盗走的几代人"进行赔偿阻力更大。法院往往认为当年这些人被迫与家人分开,是政府法规条例所允许的,因此不能因为他们是被从家中带走,就判决予以赔偿。

不过,昆士兰州向在该州机构中遭受虐待的儿童提供0.7万—4万美元的补偿,只是这一计划针对的是任何童年在州立机构接受照料期间遭受虐待的人,而非专门针对原住民。西澳大利亚州也有一个类似的补偿计划,原住民多少可以从中有所受益。

---

① "澳大利亚总理拒绝土著和解宣言",中国新闻网,2000年5月11日,https://www.chinanews.com/2000-5-11/26/29429.html。
② "Kevin Rudd Says Sorry", The Sydney Morning Herald, Feb. 13, 2008.
③ "Fury over Nelson's 'Sorry' Response", The Age, Feb. 13, 2008; "To Some He's the Messiah, To Others A Duplicitous Polly", The Age, Oct. 6, 2009.

四、缩小差距战略

2006年，全国原住民社区卫生组织、澳大利亚原住民医生协会、原住民与托雷斯海峡岛民护士大会、澳大利亚原住民牙医协会、澳大利亚乐施会等组织，发起了一场社会正义运动，要求澳大利亚各级政府采取措施，缩小原住民与白人的健康差距。

2007年12月20日，负责协调联邦政府与州政府关系的澳大利亚政府委员会，同意与澳大利亚各级政府以及原住民社区结成伙伴关系，通过共同努力，在一代人的时间缩小原住民和白人之间的健康差距，在10年内提高五岁以下原住民儿童的存活率。

2008年3月18—20日，在堪培拉的议会大厦召开了全国原住民健康平等峰会。会议最后一天，陆克文总理、卫生和老年部长尼古拉·罗克松、反对党领袖布兰登·纳尔逊、原住民团体以及主流卫生团体，共同签署了《缩小差距意向声明》，承诺将共同推动在2030年实现原住民和白人在健康状况和寿命长短上的平等，为此确保到2018年原住民能享受足以达到缩小差距水准的卫生服务和医疗基础设施，并确保原住民及其代表机构在制定和推行这一长期规划的过程中全程参与。政府承诺拿出近60亿澳元来支持该计划。[①]

---

① "Closing the Gap: National Indigenous Health Equality Targets (2008)", Aboriginal and Torres Strait Islander Social Justice Commissioner and the Steering Committee for Indigenous Health Equality, Preface; Chris Holland, "Closing the Gap: 10 Year Review", The Close the Gap Campaign Steering Committee, 2018, p.15.

第六章 原住民与联邦

陆克文总理是这一战略的热心支持者，为此成立了专门的委员会，研究在健康、教育、就业等方面缩小原住民与白人差距的办法，并确立了每年向议会提交缩小差距进展报告的制度。但是随着工党内斗导致政府更迭，阿博特上台后又大幅削减政府预算，砍掉了许多对原住民的资助项目，给缩小差距战略的推行带来了负面影响。

2018年是缩小差距战略规划的第一个十年，根据原住民社会正义运动发起者发布的《缩小差距十年评价》报告，缩小差距战略的成就并不理想。报告指出：原本以25年为期限的缩小差距战略，在推出5年后就处于实际上被放弃的状态，主要原因是2014—2015年，原本支持该战略的构架，如国家路径、全国领导力、资助协议等，都分崩瓦解。直接财政投入从2008年的22.5%下降至2017年的18%。因此这十年来，缩小差距战略的目标只实现了一小部分，譬如使原住民儿童和孕妇的健康水平有所改善、治愈慢性病和戒烟等风险防控始见成效。但是按需建设基本卫生服务能力缺少补充性的系统支持，应对健康危机的思路还没有从立足治病转向立足防病，解决原住民住房和卫生基础设施建设问题的全国性方案仍然缺位，许多资金也没有到位。①

2018年底，莫里森政府在与原住民团体协商之后，为缩小差距战略制定了2019—2029年的规划框架，确立了16个目标，包括在2031年前缩小寿命差距、将原住民新生儿健康率提升至91%，将针对原住民妇女儿童的暴力、虐待降至45%，将10—

---

① Holland, "Closing the Gap: 10 Year Review", pp. 3-5, 8.

17周岁原住民青少年的监禁率降至15%等等。①

目标宏大，最终还需要政府资金一一到位才能支持这些项目。

五、承认土地海洋传统权利

与土地和水域的联系在原住民文化中至关重要。长期以来，为求在法律和道德上承认1788年英国殖民之前原住民对其故土和水域的所有权，原住民与其他民权人士一起进行了不懈斗争，比较极端的例子是一些原住民及其同情者试图"独立建国"。

2013年3月30日，一个自称"穆拉瓦里共和国"的原住民团体宣布脱离澳大利亚"独立"，声称其领土横跨新南威尔士州和昆士兰州边界大致呈三角形的区域，这片区域是穆拉瓦里人的传统家园，但现有人口大多并非原住民。"穆拉瓦里共和国"相继以"人民委员会"和"临时国务委员会"作为国家的管理机构，还设立了"国防部"。"穆拉瓦里共和国"限英国女王伊丽莎白二世、澳大利亚总理吉拉德、昆士兰州和新南威尔士州两州的总理，在21天内对其"独立"做出回应。澳大利亚大法官办公室认为其"独立"宣言不具任何法律效力，不予理睬。5月12日，"穆拉瓦里共和国"又致信联合国，要求承认其是世界上最新独立的国家。

2014年，又有一个原住民团体宣布脱离澳大利亚"独

---

① "Closing the Gap Agreement Reset with 16 New Targets to Improve Lives of Aboriginal and Torres Strait Islander Australians", Australian Broadcasting Cooperation, Jul. 30, 2020.

立"，自称"伊丁吉主权政府"。他们声称的领土位于昆士兰州北部沿海区域，凯恩斯市也在其中。"伊丁吉王权政府"自制护照、驾照，发行邮票，希望与澳大利亚签署谅解备忘录，并谋求与俄罗斯和委内瑞拉等国建立外交关系。

不过，这两个原住民独立团体并没有实际控制其所称的"领土"，推动独立也主要是象征性的，譬如通过网站宣传其"独立主张"，接受人们注册成为所谓"公民"，或者发布"独立国家"的护照、驾照等，但是都无法流通，在原住民当中并不能产生多大影响，因此澳大利亚政府对其的基本态度是置之不理。[①]

虽然如此，澳大利亚政府却不能对日益高涨的原住民争取自身土地和海洋传统权利的诉求无动于衷。

1976年，澳大利亚联邦议会通过了《原住民土地权利法》，规定向原住民土地信托机构授予土地、设立原住民土地委员会，还对原住民土地交易、土地收入使用、土地开发租赁等事宜作了规定。1993年，联邦议会又通过了《原住民产权法》，承认原住民有权获得土地、水和海洋资源，在某些情况下包括专属权，允许就原住民土地问题进行谈判。2007年，霍华德政府对《原住民产权法》进行修订，以提高原住民产权制度的执行力。2009年，陆克文政府又对《原住民产权法》进行修订，对调解索赔的主体加以明确。这些法律的制定与修订在一定程度上维护了原住民的权益，对澳大利亚的民族团结产

[①] 参阅"穆拉瓦里共和国"网站（https：//kyliegibbon4.wixsite.com/murrawarri-republic）与"伊丁吉主权政府"网站（https：//www.yidindji.org/）相关内容。

生了积极作用。

历史上，生活在西澳大利亚州杰拉尔顿地区的雅玛吉族的土地曾遭到广泛侵夺。从1996年开始，雅玛吉族就通过雅玛吉—马尔帕原住民公司这一代理机构，不断提出原住民产权申诉。经过旷日持久的官司和谈判，2020年2月7日，雅玛吉族获得了其主张的近4.8万平方公里的土地产权和4.5亿澳元一揽子援助。根据协议，雅玛吉族人在特定区域的权利是非排他性的，他们可以进入这些区域狩猎和露营，但无权控制他人进出，也无权经营这些区域。在联合管理下的保护区，传统业主能够继续料理自己的家园，原住民也获得了当护林员的机会。[①]

2016年，隶属于原住民事务部（现名为澳大利亚原住民部）的中央土地委员会，代表北方领地维多利亚河流域的古林吉族，围绕该族对波浪山站牧区租约所涵盖的面积的历史权利提出声索，因为该区域有矿产开采之利。2020年9月8日，澳大利亚联邦法院承认古林吉族对波浪山站5000平方公里的土地拥有权利。根据达成的协议，原住民有权参与在该地区勘探的矿业公司的采矿谈判和开发工作，并获得矿业公司支付的特许权使用费，此外，他们还有权在该地区狩猎、采集、传授技能、举行部落仪式，以及从事其他活动。[②]

截至2020年，得到正式承认的原住民土地权利，约占澳大利亚陆地面积的40%，原住民的海洋权利也通过产权案件的

[①] "'It Is Your Land': Traditional Owners Granted Native Title and Funding Deal in Australian First", Australian Broadcasting Cooperation, Feb. 7, 2020.

[②] "Native Title Rights Recognised over Famous Wave Hill Station", NITV News, Sep. 9, 2020, https://www.sbs.com.au/nitv/article/2020/09/09/native-title-rights-recognised-over-famous-wave-hill-station.

审理逐步得到确认。①

第三节 宪法地位

早在20世纪50年代，原住民就要求修宪，在法律上取得与白人平等的地位。1967年，经修改的宪法终于将原住民纳入联邦人口统计，为其像白人一样参加选举或被选举奠定了法律基础。此后，原住民一直要求在宪法中承认他们早于白人在澳大利亚生存繁衍的历史，以及其对澳大利亚的独特贡献。

1998年2月，6位原住民代表参加了霍华德政府召集的制宪会议，他们虽然在国家是否实行共和制的问题上意见不一，但是都要求在宪法中肯定原住民的历史地位。

2007年10月16日，霍华德总理承诺再次推动就宪法承认原住民问题举行全民公投，工党领袖陆克文也表示支持。

2010年11月，工党吉拉德政府公布了举行全民公投的计划，为此还成立了一个专家小组调查修宪问题。2012年1月，专家小组向吉拉德总理提交了《在宪法中承认土著居民和托雷斯海峡岛民》的报告，建议删除宪法第25条和第51条（xx-vi），插入新的第51A条、第116A条和第127A条，旨在消除种族歧视、使选举制度对原住民更为公正、把原住民的语言视

---

① National Indigenous Australians Agency, "Land and Housing", https：//www.niaa.gov.au/indigenous-affairs/land-and-housing.

为国家遗产。^① 2013 年 3 月，联邦议会一致通过了《承认原住民和托雷斯海峡岛民法》，并决定成立一个委员会，就举行全民公投的合适日期提供意见。

阿博特上台后，也承诺争取在宪法中承认原住民澳大利亚人。2015 年 6 月，自由党原住民议员肯·怀亚特主持了所有党派参加的议会委员会，对宪法承认问题进行审查，委员会建议就宪法中加入承认原住民的内容举行全民公投，但是没有提具体日期[②]。

在全国原住民与岛民纪念周活动期间，阿博特和反对党领袖比尔·肖滕在位于悉尼的基里比利宫联合举办了一次与 40 多位原住民领袖的高层会议，讨论宪法承认的进程。阿博特表示他希望全民公投能在 2017 年举行。[③]

2017 年 5 月 22—26 日，原住民全国制宪会议在澳大利亚中部乌鲁鲁附近举行，与会代表在会后发表了《乌鲁鲁心声》，呼吁通过修宪使原住民在祖先土地上拥有的主权得到承认。此外还成立了"马卡拉塔委员会"，以监督政府与原住民之间"达成协议"和"坦诚相待"的进程。"马卡拉塔"是北方领

---

① Expert Panel on Constitutional Recognition of Indigenous Australians, "Recognising Aboriginal and Torres Strait Islander Peoples in the Constitution: Report of the Expert Panel", Executive Summery.

② "Time to End the Constitution's Silence on Australia's First People: Report", The Sydney Morning Herald, Jun. 25, 2015.

③ "Indigenous Referendum: Australians Invited to Join Community Conferences on Recognition Vote", Australian Broadcasting Cooperation, Jul. 6, 2015.

第六章 原住民与联邦 ◇

地雍古族的语言,有解决争端、实现和平公正的含义。①

虽然先后有政府总理、议员和原住民领袖表达通过修宪承认原住民宪法地位的意愿,并提出了各种各样的方案,但时至今日,涉及原住民地位的修宪迟迟没有进展,由此可知,原住民要真正在宪法上获得与白人平等的地位,还有很多困难有待克服。

---

① "Uluru Statement from the Heart", https://www.referendumcouncil.org.au/final-report.html#toc-anchor-ulurustatement-from-the-heart; "What Is a Makarrata? It's More Than a Synonym for Treaty", Australian Broadcasting Cooperation, Aug. 10, 2017.

第七章　国外反恐与国内反恐

第一节　卷入战争

澳大利亚是战后美国领导的军事同盟体系的重要成员之一，支持美西方主导的世界秩序是澳大利亚政府的一项基本国策。正因如此，澳大利亚参加了战后美国发动或卷入的几乎所有地区战争，其中包括 21 世纪前 20 年美国在中东地区进行的反恐战争。

2001 年 9 月 11 日，潜入美国的"基地"组织成员劫持民用客机，对纽约的双子大楼和华盛顿的五角大楼发动自杀式袭击，制造了震惊世界的"9·11"事件。当时正在对美国进行访问的澳大利亚总理霍华德，透过在华盛顿宾馆的窗户，看到了远处五角大楼冒出的浓烟。后来统计显示，"9·11"事件的遇难者当中，有 10 人是澳大利亚公民。①

澳大利亚政府和议会很快形成了如下判断：第一，"9·11"

---

① "September 11: The Australian Stories", Special Broadcasting Service, Sep. 8, 2011.

事件标志了后冷战时代世界总体和平已经结束，一个充满危险的新时代业已到来；第二，恐怖分子针对的不仅是美国，而是美澳两国都拥护的西方价值观和生活方式；第三，面对恐怖主义威胁，澳大利亚不可能独善其身，为了本国利益，必须支持美国打击恐怖主义。①

就这样，澳大利亚在21世纪开始不久就卷入了美国发动的反恐战争。虽然澳大利亚在这场战争中只是充当辅助的角色，但是却导致了战争地区的平民沦为澳军战争暴行的牺牲品，也导致澳大利亚平民和公职人员成为宗教极端分子袭击的目标，使澳大利亚这个移民国家内部的"文明冲突"为之激化，政府不得不同时应对来自宗教极端势力和国内极右势力制造的恐袭和族群冲突。

一、出兵阿富汗、伊拉克

2001年9月14日，霍华德政府单方面援引《美澳新同盟条约》，决定向阿富汗派兵，支援美国领导的多国联军对"基地"组织和阿富汗塔利班政权发动的战争。2001—2014年，澳大利亚国防军实施了"斯利帕行动"，向阿富汗派遣特种部队。澳军参加的有一定规模的战斗，包括2002年在帕克提亚省佐马特山区进行的"水蛭行动"、2006年在乌鲁兹甘省乔拉河谷开展的"珀斯行动"，以及2007年在乔拉河谷的军事行动、2009年在卡卡拉克村的军事行动、2010年在沙阿瓦利科

---

① Jack Holland and Matt McDonald, "Australian Identity, Interventionism and the 'War on Terror'", in A. Siniver ed., "International Terrorism Post 9/11: Comparative Dynamics and Responses", London: Routledge, 2010, pp. 4 - 5.

◇ 21世纪澳大利亚的变局与探索

特和帝拉伍德地区的军事行动、2011年在杜安村的军事行动。① 为了配合地面战场，澳大利亚空军将一架空中加油机部署在吉尔吉斯斯坦马纳斯空军基地，为在阿富汗执行任务的联军军机加油，又将4架战斗机部署在印度洋上的英属岛屿迪戈加西亚，以备不时之需。澳大利亚海军把军舰派到波斯湾，与美英两国军舰一起执行海上侦听任务，预防伊拉克萨达姆政权利用阿富汗的局势给联军的行动制造麻烦。此外还向中东其他国家派遣了数百名军人，为阿富汗的军事行动提供后勤支援。

2003年，美国小布什政府以萨达姆政权拥有大规模杀伤性武器为由，让反恐战争的战火烧向了伊拉克，霍华德政府也配合美国实施了入侵伊拉克的"猎鹰行动"，派出了一支由500人组成的特种部队、3艘舰艇、2架海上巡逻机、2架空中加油机、1架C-130"大力神"运输机，以及空军第75中队的14架"超级大黄蜂"战斗机。经过一周的战斗，特种部队乘军车和美军直升机进入伊拉克，在分配给他们的责任区执行公路巡逻任务，防止萨达姆政权的官员逃跑和敌国战斗人员从境外向伊拉克渗透，特种部队还派出特遣队攻占了阿萨德空军基地。入侵伊拉克的过程中，澳大利亚海军参与清理前往伊拉克港口的通道，为联军地面部队提供炮火支援，拦截伊拉克船只，承担运输任务。澳大利亚空军为联军军机提供护航，为联军地面部队提供近距离空中支援，对伊拉克部队实施空中打击。"猎鹰行动"结束后，澳大利亚作战部队一度撤离了伊拉克，只留部分人员搜索大规模杀伤性武器，保卫澳大利亚驻伊拉克使

---

① 卡卡拉克村、杜安村、帝拉伍德地区皆位于阿富汗乌鲁兹甘省。沙阿瓦利科特地区位于坎大哈省北部，靠近乌鲁兹甘省。

节，参与维持当地秩序。不过 2005 年 4 月，作战部队又被重新部署到了伊拉克，为驻扎在伊拉克南部穆塔纳省的日本工程兵提供安全保障，也为当地的伊拉克安全部队提供培训，此次的行动代号为"催化剂行动"。次年，穆塔纳省的控制权移交给了伊拉克新政府后，澳大利亚作战部队移防迪卡尔省。

起初，澳大利亚朝野高度一致，支持霍华德政府参加反恐战争的决定。工党之所以对霍华德政府参加伊拉克战争持有异议，并不是因为工党反对入侵伊拉克，而是认为此举需要得到联合国授权，如此澳大利亚才师出有名。然而，在得知联军没有在伊拉克找到美国言之凿凿的大规模杀伤性武器后，工党影子内阁的外交部长陆克文要求追究霍华德政府妄动干戈并陷澳大利亚于恐袭风险之责。

在 2007 年的联邦选举中，晋级为工党领袖的陆克文承诺工党上台后将撤回驻伊拉克的澳大利亚部队。陆克文当选总理后，制定了 2009 年 7 月 28 日完成从伊拉克撤军的时间表，只留几十名军人守护澳大利亚驻伊拉克使馆以及支持联合国维和行动。不过，陆克文政府却逐步将驻阿富汗部队增加到了 1550 人，参加联军对活跃在当地的恐怖组织的清剿行动，这一政策在吉拉德任总理后的一段时间内得以延续。2013 年底，吉拉德政府从阿富汗撤回了澳大利亚作战部队，但仍然留下 1000 多人守卫乌鲁兹甘省塔林考特澳大利亚军营，培训伊拉克安全部队。

阿博特任总理后，与工党党首肖顿一起于 2013 年 10 月 28 日视察塔林考特军营，阿博特对驻地官兵说："澳大利亚最长的战争正在走向结束，这场战争既没有胜，也没有败，留下的是一个希望,就是一个更有利于我们存在的阿富汗。"① 不到两个月后,澳大利亚军方就将塔林考特军营移交给了阿富汗部队。

二、打击"伊斯兰国"

2010年西亚北非陷入动荡后,"基地"组织乘机向伊拉克、叙利亚等国发展,与当地反对世俗政权的势力结合在一起,形成了"伊斯兰国",不仅在伊拉克、叙利亚边境地带建立了"国家",还在世界各地招募追随者,针对世俗国家,特别是西方国家实施恐袭,澳大利亚也成为"伊斯兰国"发动袭击的目标。

2014年8月底,澳大利亚国防军开展"奥克拉行动",参加美国为首的联军清剿"伊斯兰国"的军事行动。9月中旬,澳大利亚空军一支400人的特遣队,配备8架"超级大黄蜂"战斗机、1架空中预警机和1架空对空加油机,被派遣到阿联酋的明哈德空军基地,从10月开始执行任务,包括向联军、平民和叙利亚库尔德武装空投物资,对"伊斯兰国"的目标发动空袭。起初,空袭对象仅限于伊拉克境内目标,但是自2015年9月起,空袭范围扩大到了叙利亚境内。

除了空军特遣队外,澳大利亚还先后于2014年11月和2015年4月向伊拉克派遣了总共500人的特别工作队,为伊拉克反恐部队、边防部队、警察提供培训。截至2019年11月,已有超过2500名澳大利亚军人在特别工作队服役。②

---

① "Tony Abbott Makes First Visit to Afghanistan as PM, Says Australia's Longest War Is Ending", Australian Broadcast Cooperation, Oct. 29, 2013.

② "Iraqis Take the Lead", Army News, Nov. 14, 2019.

阿博特在任时，认为奥巴马政府没有认真对待"伊斯兰国"这一威胁，想与英法两国领导人一起说服奥巴马强化打击"伊斯兰国"的措施，包括向叙利亚派遣地面部队。① 虽然如此，但对于奥巴马要求澳大利亚扩大打击"伊斯兰国"的军事投入的提议，阿博特的反应却比较谨慎，只同意增加对伊拉克和叙利亚战争难民的人道主义援助，包括将接收难民的额度扩大到3万多人。

特恩布尔上台后，虽然也重视"伊斯兰国"的威胁，但是不主张把打击"伊斯兰国"的军事行动变成对叙利亚的入侵。② 2017年12月，就在"伊斯兰国"位于伊拉克的最后一个控制区被伊拉克政府军收复后，特恩布尔政府宣布澳大利亚空军特遣队于2018年1月结束战斗任务回国，只留预警机和加油机为联军提供支援。2020年9月，驻明哈德基地的澳军完成了最后一次轮换。

三、滥杀阿富汗平民

2016年5月，澳大利亚国防军监察长保罗·布雷顿少将，对2005—2016年一些澳大利亚特种部队成员在阿富汗犯下战争罪行的指控展开调查。2020年11月，布雷顿少将认为他调查的55起指控中有36起应该交给警方进行刑事立案，或由内政部特别调查员办公室和国防军检察长对涉案军人提起诉讼。

---

① "Catherine McGregor Says It's Time to Take the Fight to ISIS", The Courier-Mail, Apr. 5, 2016.

② "U. N. Security Council Unanimously Votes to Adopt France's Counterterrorism Resolution", The Wall Street Journal, Nov. 20, 2015.

◇ 21世纪澳大利亚的变局与探索

报告发布后，国防军宣布特别航空兵团第二中队因接受调查而解散，国防军司令安格斯·坎贝尔将军表示将对卷入战争罪行的指挥官采取进一步行动。记者马克·威拉西预估，相关起诉工作要到2030年左右才会结束。①

第二节 引来恐袭

一、澳大利亚人在境内外遭遇恐袭

美国点燃反恐战争的引信后，宗教极端组织及其追随者们在世界各地制造恐袭，尤其把西方国家和西方人作为袭击对象，澳大利亚公民在国内外的安全处境为之恶化。

2002年10月12日，与"基地"组织声气相投的东南亚激进组织"伊斯兰祈祷团"，针对印尼旅游胜地巴厘岛上的两家西方游客经常光顾的俱乐部，制造了汽车炸弹袭击，88名澳大利亚游客在爆炸中丧生。同年10月1日，巴厘岛再度发生连环爆炸案，4名澳大利亚公民丧生。

"基地"组织、"伊斯兰祈祷团"、"虔诚军"、"伊斯兰国"等都在澳大利亚发展成员，组建分支机构和行动小组，为海外恐怖活动筹集资金和物资，策划和实施针对澳大利亚的恐袭。"伊斯兰国"将澳大利亚穆斯林作为招募目标，招募人员利用社交媒体，向易受影响的群体传播极端思想，鼓励他们在

---

① Mark Willacy, "The Inquiry into Australian Soldiers in Afghanistan Is Finally Over. The Reckoning Is About to Begin", Australian Broadcast Cooperation, Nov. 18, 2020.

第七章　国外反恐与国内反恐　◇

当地开展"圣战",而且把未成年人纳入招募对象。①

2014年12月15日上午9点多,来自伊朗的曼·哈朗·摩尼斯,在悉尼市中心马丁广场的一家咖啡馆,持枪劫持了店内十几个人做人质。闻讯赶来的警察与摩尼斯进行了长达10多个小时的对峙,并对咖啡馆周围的办公楼、宾馆、火车站进行了人员疏散。其间,摩尼斯要求通过电台与阿博特总理对话,遭到了警方拒绝。16日凌晨2点多,6名人质想趁机逃跑,摩尼斯向逃跑者开枪,警方随即对咖啡馆发动突袭,击毙摩尼斯。事后调查显示,摩尼斯虽然不隶属于任何恐怖组织,但是在网络上接触了"伊斯兰国"的宣传而转变为恐怖分子。因此,澳大利亚政府将悉尼咖啡馆人质事件定性为恐怖主义事件。

2015年12月2日下午4点30分,悉尼市西郊帕拉玛塔卫星城,58岁的新南威尔士州警队华裔会计师郑树基在下班走出警队大楼的时候,被一名中东裔少年用手枪从背后近距离射杀。杀死郑树基后,少年并没有逃逸,而是挥舞手枪,高呼宗教口号,并朝闻声从楼里赶来的3名警察开枪射击,被警察当场击毙。警方调查发现,行凶少年名叫法尔哈德·贾巴尔,是出生在伊朗的伊拉克籍库尔德人,警方认定这次行凶有政治动机且贾巴尔还有同伙。两天后,警方对贾巴尔犯案前经常逃学去礼拜的帕拉玛塔清真寺进行了突击搜查,之后又先后逮捕了4名中东裔青少年。2016年,他们被指控参加恐怖组织、怂恿和协助贾巴尔行凶,并帮助贾巴尔的姐姐逃往叙利亚参加"圣

---

① Australian Government, "National Security: Islamic State," https://www.nationalsecurity.gov.au/Listedterroristorganisations/Pages/IslamicState.aspx.

战",4 人均被判处监禁。

2016 年 4 月 6 日晚,新南威尔士州昆比恩市的一处加油站,两名十五六岁的中东裔少年持牛排刀袭击了一名 29 岁的巴基斯坦裔加油站工人,将其杀死后,少年蘸着死者的鲜血在加油站墙壁上写下了"伊斯兰国"的缩写字母"IS"。但是二人并没有就此罢手,在之后几个小时内,他们在公园用啤酒瓶袭击路人,还私闯民宅,进行入室盗窃。7 日凌晨,他们又袭击了一名出租车司机。二人在逃至堪培拉郊区的时候被警察捕获。2020 年 5 月 1 日,新南威尔士州最高法院分别判处两名少年暴徒 35 年半和 18 年零 4 个月监禁。

2018 年 11 月 9 日下午 4 点多,墨尔本中心城区,30 岁的索马里移民哈桑·阿里先将自己驾驶的载有丙烷气瓶的轿车点燃,然后持刀逃离轿车,对路人行凶,接连刺中了两名路人和一名公园保安,其中一名 74 岁路人抢救无效死亡。两名在街上执勤的警察和一名路人上前制止暴行,阿里挥刀砍向警察,后者开枪击中其胸膛。阿里被送到医院后不治身亡。警方调查显示,阿里曾因被怀疑打算去叙利亚参加恐怖组织而被吊销了护照,他的弟弟一年前因策划血洗墨尔本除夕庆典而被逮捕,于 2020 年 5 月被判刑。

2020 年 12 月 19 日,布里斯班市,一名 22 岁男子闯入两位老人家中将他们双双刺死,之后又企图在高速公路上袭击警察,被当场击毙。警方后来发现,这名男子在 2019 年曾因想去索马里参加恐怖组织而被逮捕。

二、国内反恐措施

2002—2014 年,联盟党和工党政府对联邦法律进行了一系

第七章 国外反恐与国内反恐 ◇

列修订、扩容，先后推动议会通过了2002年和2016年《安全立法修正案》《2005年澳大利亚反恐法》《2006年反洗钱和反恐融资法》《2015年电信（拦截和访问）修正案（数据保留）法案》等，为强化打击恐怖活动提供法律依据。根据新修订的法律，故意与恐怖分子建立关系、资助恐怖组织、参加恐怖组织、无正当理由进入有恐怖组织从事"敌对活动"的地区，都构成犯罪。新法延长了执法机构调查犯罪活动的法定期限，延长了对疑犯的羁押时间，赋予执法人员充分的自由获取和监控公民的信息，强化了对公民的言论制约，加大了对造成社会混乱的行为的惩罚力度，取消了对造成严重后果的未成年罪犯的豁免权。

不过，澳大利亚国内对修法也存在一些不同声音，譬如绿党等一些党派认为新法损害了个人和机构的合法权利，也有人认为新法对三权分立法原则没有表现出应有的尊重，对"恐怖主义"的定义则过于宽泛，给了执法者过大的自由裁量空间，可能增加少数族群，特别是宗教信徒遭遇不公正审判的概率[1]。

在修法的同时，澳大利亚执法机构也采取行动，对恐怖活动开展严厉打击。2003年10月26日，澳大利亚警方和安全情报局对巴基斯坦裔建筑师法希姆·洛希的家和办公室进行了突击搜查，发现了几份针对澳大利亚国家供电系统和几处国防设施进行炸弹袭击的计划。洛希是因为打探制造爆炸物所需化学品的价格以及购买重要电力设施场所的地图而引起安全部门关

---

[1] Ashutosh Misra, "Australia's Counter-Terrorism Policies Since September 11, 2001: Harmonising National Security, Independent Oversight and Individual Liberties", Strategic Analysis, No. 2, 2018, pp. 103–118.

注的。经过调查，安全部门发现洛希在巴基斯坦接受过恐怖组织"虔诚军"的训练。2006年8月，洛希被新南威尔士州最高法院判处20年监禁，15年内不得假释。

2005年，悉尼警方逮捕了默罕默德·埃洛马尔、哈立德·谢赫、穆斯塔法·谢赫、阿卜杜勒·哈桑、默罕默德·贾马尔5人，从他们家中搜出了12支步枪、2.8万发子弹、炸弹制作装置以及大量宗教极端主义印刷品和音像制品。警方这才知晓这5人筹划在悉尼制造一系列恐袭事件。2010年2月，5人分别被判处23—28年监禁。

2008年，澳大利亚安全部门破获了以阿卜杜勒·本布利卡为首的拥有17名成员的恐怖组织，掌握了他们企图对全国重大赛事、娱乐场所进行恐袭的证据。

2009年8月，澳大利亚警方发现了受"索马里青年党"①控制的索马里裔恐怖分子，企图袭击供陆军进行训练的霍尔斯沃西兵营，4名恐怖分子被绳之以法。

2014年9月18日凌晨，为挫败随机性的恐怖主义活动，联邦警察和安全机构在悉尼和布里斯班两市开展了澳大利亚迄今为止规模最大的搜捕行动，一名来自吉尔福德的男子落网。据信，他与一名"伊斯兰国"在澳大利亚的武装分子密谋实施恐袭。

2015年4月，墨尔本警方逮捕了一名18岁的阿尔巴尼亚裔恐怖分子，此人本来计划在澳新军团日②驾车冲击阅兵式，

---

① "索马里青年党"是与"基地"组织有关联的索马里反政府组织，制造过一系列恐袭事件。

② 澳新军团日是澳大利亚和新西兰两国为纪念一战期间在加里波利战役中阵亡的澳大利亚和新西兰军团将士而设的纪念日。

对执法人员实施袭击。

2017年7月,警方挫败了一起针对艾提哈德航空公司客机的爆炸阴谋,4名恐怖分子落网。同年11月,警方在墨尔本逮捕了一名20岁的索马里裔恐怖分子,阻止了他血洗联邦广场的计划。

截至2020年3月,澳大利亚已将26个境外组织列为恐怖组织。①

三、境遇恶化的澳大利亚穆斯林

2016年澳大利亚的人口普查显示,在澳大利亚有60多万穆斯林,占澳大利亚总人口的2.6%。② 这60多万穆斯林当中,既包括伊斯兰教各大小教派及其支派的信徒,也包括不参加任何宗教活动,只因家庭背景或成长环境被划为穆斯林的群体;既有中东地区的移民及后代,也有世界其他地区的移民及后代,还有土生土长的信奉伊斯兰教的澳大利亚人,包括原住民。因此,这60多万穆斯林,彼此在种族、信仰、文化、语言等方面的差异极大③,真正被恐怖组织吸收、利用、影响的,只是其中的少数人,而反对宗教极端主义的穆斯林亦不乏其人。

2005—2006年,霍华德政府设立过一个政策咨询机构,名

---

① Australian Government, "National Security: Listed Terrorist Organizations", https://www.nationalsecurity.gov.au/Listedterroristorganisations/Pages/default.aspx.

② Australian Bureau of Statistics, "Religion in Australia: 2016 Census Data Summery", https://www.abs.gov.au/ausstats/abs@.nsf/Lookup/by%20Subject/2071.0~2016~Main%20Features~Religion%20Data%20Summary~70.

③ "Inside Sydney's City of Imams", Sunday Telegraph, Sep. 23, 2012.

为"穆斯林社区咨询团",旨在为政府帮助澳大利亚穆斯林融入主流社会提供意见,一批穆斯林领袖和学者参加了该小组,为政府建言献策。

出任咨询团团长的澳大利亚逊尼派穆斯林组织伊斯兰理事会的会长阿米尔·阿里博士,建议政府对穆斯林社区"去极端化",并阻止思想偏激的煽动者入境澳大利亚,同时,他也建议穆斯林社区要把握好对青少年的教育引导。①

澳大利亚最大的穆斯林媒体组织创始人艾哈迈德·基拉尼,呼吁穆斯林领袖们旗帜鲜明地否定以伊斯兰教名义进行的暴力活动。②

不过,一些穆斯林领袖也认为反对恐怖主义需要从根源入手,西方国家需要全面反思其长期对穆斯林的不公正对待,尤其是其中东政策中的双重标准以及粗暴的武装干涉。③

然而,"9·11"事件之后,澳大利亚的穆斯林像其他西方国家的穆斯林一样,无法阻止主流社会的敌意不断发酵。澳大利亚政要和专家学者们经常公开呼吁伊斯兰教需要"现代化",政府迫于社会压力削减了对伊斯兰学校的资助,穆斯林组织被怀疑与恐怖组织有染或支持恐怖主义。

隶属于澳大利亚政府的独立组织人权与机会平等委员会④于 2004 年发布的一份调查报告显示,许多穆斯林认为澳大利

---

① Sushi Das, "Between Two Worlds", The Age, Jul. 28, 2005.

② "Out with the Old Guard: Call for 'Revolution' in Muslim Community", The Australian, Dec. 3, 2015.

③ "Australia's Grand Mufti Sparks Outrage after Comparing Paris Attacks to Racism", The Independent, Nov. 17, 2015.

④ 其于 2008 年更名为"澳大利亚人权委员会"。

亚媒体对穆斯林社区的报道，往往戴着种族的、宗教的有色眼镜，侧重于发掘犯罪、恐怖活动等负面新闻，而对穆斯林群体在社会中所起的正面作用视而不见，受众从中得到的都是关于穆斯林的片面的、妖魔化的认知，乃至助长了种族仇恨。[1]

在此背景之下，澳大利亚中东裔居民与白人的暴力冲突事件时有发生也就不足为奇了。

第三节 极右之恐

历史上，"白澳政策"长期是澳大利亚的官方政策，"白人至上"曾经被澳大利亚主流社会当作"天经地义"。在此期间，澳大利亚还出现过一些极右政党和社会运动，如"白色军""国家社会主义党""澳大利亚优先党"等。虽然自20世纪60年代后期开始，"白澳政策"在澳大利亚遭到了抛弃，"白人至上"主义逐渐被当作了反动思想，但是一些澳大利亚白人的种族主义观念并没有发生根本转变，面对宗教极端主义制造的恐怖主义活动，"多元文化"信念很快崩塌，"白澳政策"为一批白人极右组织在21世纪兴起或重新活跃提供了温床，并上演了针对穆斯林和多元文化支持者的恐袭事件。

一、极右组织的新发展

1955年出生于昆士兰州的吉姆·萨利姆本是黎巴嫩移民之

---

[1] Human Rights and Equal Opportunity Commission, "National Consultations on Eliminating Prejudice Against Arab and Muslim Australians", Jun. 16, 2004.

子，可是在青少年时期就受了极右思想蛊惑，参加了"国家社会主义党"，主张"澳大利亚是白人的家园"，反对像自己父亲这样的外来移民。他因为从事非法活动两次入狱，其中一次是因组织策划对南非非洲人国民大会①驻澳大利亚代表的刺杀而服刑3年。出狱后，萨利姆继续从事极右政治活动，于2002年当上了成立于1996年的极右政党"澳大利亚优先党"的书记，从2010年开始又成了该党的主席。此后，他积极拓展党的组织，注重在青少年当中发展追随者，先后组建了"爱国青年团"和"尤里卡青年团"，也注重跟欧美的极右组织发展关系。萨利姆作为"澳大利亚优先党"候选人多次参加联邦议会选举，向选民兜售新纳粹主义，不过至今没有为优先党争取到一个议会席位。

2009年成立于悉尼的"保卫澳大利亚同盟"，是一个反伊斯兰教的白人种族主义组织。2014—2015年，该组织与"Q协会""澳大利亚光复会""真蓝社""爱国者联合阵线"等极右组织一起，抵制维多利亚州本迪戈市建设清真寺和伊斯兰社区中心的计划。"保卫澳大利亚同盟"创始人拉尔夫·塞米纳因袭击他人于2019年锒铛入狱，其他成员也多因不法行为而官司缠身。

由万达·马什、约翰·奥利弗、利兹·谢泼德创建于2015年的"澳大利亚光复会"，也是一个以反伊斯兰教为主的新纳粹仇恨组织，主要在澳大利亚各地组织反伊斯兰集会和游行示威活动。2015—2017年，该组织先后发动了数次针对穆斯林的

---

① 南非非洲人国民大会简称"非国大"，是南非最大的黑人民族主义政党，1912年成立，1923年起使用现党名，1994年起成为南非执政党。

第七章 国外反恐与国内反恐 ◇

全国性抗议活动,并与反对其主张的民众发生冲突。虽然"澳大利亚光复会"的组织结构比较松散,但是与澳大利亚极右组织有广泛的联系,澳大利亚安全部门负责人认为该组织有从事暴力活动的潜质。①

"真蓝社"是从"澳大利亚光复会"中分裂出来的一个新纳粹组织,其暴力色彩较为浓厚,经常擅自充当执法者的角色,对移民进行骚扰,其成员也常常因为藏有武器和受到与恐怖活动有关的指控而被警方调查。

"爱国者联合阵线"是成立于2015年的一个极右组织,是新纳粹组织和基督教基本教义派的混合体。该组织头目中的布莱尔·科特雷尔和尼尔·埃里克森二人,都因纵火、斗殴、人身袭击、入室盗抢等不法行为锒铛入狱,并屡教不改。该组织在全国各地策动针对伊斯兰教、移民、多元文化政策的抗议活动。后来科特雷尔、埃里克森等人又创建了"小哥会"——这一成员完全由男青年组成的极右组织,热衷于制造种族骚乱。

成立于2016年的新纳粹组织"澳大利亚抵抗运动",主要活动内容是开展反犹太人、反同性恋、反移民的种族主义宣传,鼓动打砸抢,针对墨尔本少数族裔集中的学校和公共场所张贴挑衅性的海报、标语,还通过"铁的行军"网站散布种族仇恨。但是,该组织很注意对成员的真实身份保密,多以化名示人。2017年,工党女议员安妮·阿里认为该组织有可能从煽动暴力转向真正的暴力活动。② 2018年,该组织的网站被运营

---

① "Reclaim Australia in ASIO's Sights, Intelligence Chief Tells Senators", The Guardian, Oct. 19, 2016.

② "Antipodean Resistance Neo-Nazi Group Trying to Sway Australia's Same-sex Marriage Postal Vote", Australian Broadcast Cooperation, Sep. 5, 2017.

◇ 21世纪澳大利亚的变局与探索

商封杀。澳大利亚安全情报机构对其一言一行十分关注。①

二、极右恐怖主义

自澳大利亚建国以来，针对有色人种的暴力事件就时有发生。在21世纪，受白人极右组织的煽动、蛊惑，针对移民和多元文化支持者的恐怖活动急剧上升。

譬如2007—2010年，澳大利亚各地发生了勤工俭学的印度留学生和印裔劳动者遭到袭击或骚扰的事件，仅2007—2008年，就有1447名印度人深受其害，甚至死于非命。② 澳大利亚警方往往将这些袭击事件当作普通刑事案件处理，令在澳大利亚的印度人极其不满，举行了多次抗议示威，在印度本土也掀起了声讨澳大利亚政府的浪潮，印度民众怒斥澳大利亚为"种族主义国家"。为此，副总理吉拉德不得不出面"灭火"，修复跟印度的关系。

2016年，"真蓝社"成员菲利浦·加利亚计划对墨尔本市众多左派机构实施炸弹袭击，除去左派领袖，计划攻击的地点包括位于中心商务区的抵抗中心，位于诺斯克特区的建筑师俱乐部和位于卡尔顿区的贸易大厦。所幸警方及时挫败了他的阴谋。被捕后，加利亚供认自己这样做是为了阻止墨尔本的左翼领袖将澳大利亚"伊斯兰化"。③

---

① "ASIO Tracking Neo‑Nazi Group 'Willing to Use Violence'", The Northern Star, Sep. 7, 2017.

② "印度赴澳大利亚留学生遭种族仇杀 印举国声讨"，中国新闻网，2010年1月5日。

③ "Far‑right Extremist Phillip Galea Found Guilty of Plotting Terror Attacks in Melbourne", The Guardian, Dec. 5, 2019.

澳大利亚的极右恐怖主义活动还蔓延到了境外。2019年3月15日下午1点40分,在新西兰克赖斯特彻奇市的努尔清真寺,190多名穆斯林正在虔诚地做星期五安息日祷告,可是就在此时,清真寺门口忽然枪声大作,有人应声倒地,接着,双手持枪的暴徒闯进了寺内,向四散惊逃的祷告者扫射,现场顿时一片血腥。几分钟后,杀手钻进了他自己开来的小轿车,横冲直撞驶向距离努尔清真寺5公里的林伍德伊斯兰中心,又对在那里祈祷的100名穆斯林痛下杀手。一天中两起清真寺血案,共造成了51人死亡和40人受伤。死者主要是巴基斯坦、印度、孟加拉国、埃及、阿联酋、索马里、叙利亚、印尼、约旦、科威特等国的移民。起初,新西兰警方以为血案是多人所为,抓捕了3名嫌犯。但是经过仔细审查,终于发现嫌犯当中一名28岁的澳大利亚籍白人男子才是唯一真凶,此人名叫布伦顿·塔兰特,家在澳大利亚新南威尔士州格拉夫顿市,两年前来到新西兰。警方发现,塔兰特游历甚广,为澳大利亚和欧洲的极右组织捐过款,他本人深受极右思想的影响,是一篇长达78页的"白人种族主义宣言"的作者。他把"爱国者联合阵线"和"小哥会"头目科特雷尔当作偶像,"小哥会"也曾企图发展他做会员。塔兰特对自己是法西斯分子这一点毫不隐讳,承认两年前就在策划这一骇人听闻的犯罪活动,直到三个月前才选中了克莱斯特彻奇市的这两家清真寺作为袭击目标。塔兰特后来被新西兰法院判处终身监禁,永远不得假释。

三、极右势力向体制内发展

上述各种极右组织,往往因为思想与澳大利亚现行主流价值观冲突较大，对现行社会秩序构成威胁，甚至不断有成员触犯法律，因此很难得到大多数澳大利亚国民的拥护，只能在社会边缘施展"威力"。其中，"澳大利亚优先党""公民选举委员会"等也想通过参加议会选举与进入体制内来影响国家的政策，但是其推出的候选人都因得票太少而无缘议会席位。不过也有少数极右人士当选为联邦或州的议员，充当极右势力在体制内的代表。

保琳·韩森于1994年当选自由党众议员，进入了政坛，但是她后来与自由党分道扬镳，于1997年与大卫·奥尔德菲尔德和大卫·埃特里奇共同创建了单一民族党（也称一国党）。该党的许多主张其实与前文述及的极右组织高度一致。从名称就能看出，其追求的所谓"单一民族"，就是要将澳大利亚变成一个完全由白人组成的国家，无异于"白澳政策"的死灰复燃。不过韩森在表面上刻意与任何反建制的行为和标签划清界限，不去与新纳粹"攀亲"，因此也在体制内受到宽容。在1998年昆士兰州的立法机构选举中，韩森的单一民族党的得票率仅次于该州的工党，不过随后该党内斗不断，多次分裂，韩森一度退党，她的名字随后从党名中被除去。2005年，单一民族党失去联邦党的地位，最低落的时候仅在新南威尔士州的立法机构有其代表。2014年，韩森重新成为党首，于次年恢复了有她名字的原党名。2016年，韩森等4名单一民族党人当选为联邦参议员，在2019年联邦选举中，该党在参议院的优势有所扩大。不过，该党似乎难以摆脱凝聚力不够的问题，不断上演背叛、分裂的剧目，最近一次分裂是参议员弗雷泽·安宁于2019年4月自立门户成立新的极右政党——"弗雷泽·安宁的保守主义国家党"，该党于2020年9月被选举委员会注销。

第七章　国外反恐与国内反恐　◇

在参议员任上,韩森多次发表反有色人种移民、反多元文化、反伊斯兰教的言论,还在参议院提出过一项"做白人很好"的具有鲜明种族主义色彩的动议,她的党与"真蓝社"等极右组织的"非正式"联系也一再被曝光,但是都没有影响到她的仕途。究其原因,主要是韩森很懂得利用小党在参议院中的独特作用,大事上不与主流对抗,在执政党和反对党之间搞平衡,让单一民族党成为双方都要争取的对象,同时又懂得迎合联盟党和工党一些选民的吁求,把他们往极右的方向引导,转变为极右思想的拥护者。

澳大利亚工人联合会全国书记米沙·泽林斯基对此看得很明白,他认为工党长期忽略收入低、教育程度低又信奉基督教的社会群体,给了极右势力影响、吸收这些群体的可乘之机,他呼吁工人运动和工党今后要多为这些群体争取更好的工作机会和福利,避免他们被人利用,在社会上挑起"文化战争"。[①]

虽然工党和联盟党在台上都极力维护移民国家的种族和谐与文化多元性,试图压制极右势力的兴起,但是澳大利亚政府在美国领导的反恐战争中充当帮手,从根本上极力维护一个由美西方主导的世界秩序,其影响必然会在国内的族群关系中得到反映,宗教极端势力和极右势力制造的恐袭事件只是这种反映较为极端的表现形式,两股势力的存在对澳大利亚国内团结构成的挑战持久而深远。

---

① "Challenges Ahead of the ALP and Unions as Election Looms", Australian Unions, Apr. 23, 2021, https://www.australianunions.org.au/2021/04/23/challenges-ahead-for-the-alp-and-unions-as-election-looms/.

英文参考文献

专著

Judy Campbell, "Invisible Invaders: Smallpox and Other Diseases in Aboriginal Australia 1780 – 1880", Melbourne: Melbourne University Publishing, 2002.

Scott Cane, "First Footprints – the Epic Story of the First Australians", Sydney: Allen & Unwin, 2013.

Anika Gauja, "Political Parties and Elections: Legislating for Representative Democracy", Aldershot: Ashgate Publishing, 2010.

Raymond Evans, "A History of Queensland", Cambridge UK: Cambridge University Press, 2007.

D. M. Gibb, "National Identity and Consciousness", Melbourne: Thomas Nelson, 1982.

Mark Lopez, "The Origins of Multiculturalism in Australian Politics 1945 – 1975", Melbourne: Melbourne University Press, 2000.

Mark Peel and Christina Twomey, "A History of Australia",

Hampshire: Palgrave Macmillan, 2011.

Jon Piccini, Evan Smith and Matthew Worley eds., "The Far Left in Australia since 1945", London: Routledge, 2019.

Peter Read, "The Stolen Generations: The Removal of Aboriginal Children in New South Wales 1883 – 1969", Surry Hills: New South Wales Department of Aboriginal Affairs, 1982.

Henry Reynolds, "Dispossession: Black Australians and White Invaders", Sydney: Allen and Unwin, 1989.

John Rickard, "Australia: A Cultural History", London: Longman, 1996.

Steve Vizard, "Two Weeks in Lilliput: Bear Baiting and Backbiting at the Constitutional Convention", London: Penguin, 1998.

论文

Clarkson, Chris, Zenobia Jacobs, et. al, "Human Occupation of Northern Australia by 65,000 Years Ago", Nature, No. 547 (7663).

Johnand Higley Rhonda Case, "Australia: The Politics of Becoming a Republic", Journal of Democracy, Jul. 2000.

Jack Holland and Matt McDonald, "Australian Identity, Interventionism and the 'War on Terror'", in A. Siniver ed., "International Terrorism Post 9/11: Comparative Dynamics and Responses", London: Routledge, 2010.

Michael Kirby, "The Australian Republican Referendum 1999 –

Ten Lessons", Law and Justice Foundation, Mar. 2, 2000.

Ashutosh Misra, "Australia's Counter – Terrorism Policies since September 11, 2001: Harmonising National Security, Independent Oversight and Individual Liberties", Strategic Analysis, No. 2, 2018.

Glenn Patmore, "The Head of State Debate: A Response to Sir David Smith and Professor David Flint", Australian Journal of Politics and History, Jun. 2012.

Sally Yang and Joo – Cheong Tham, "Political Finance in Australia: A Skewed and Secret System", Political Science Program of Australian National University, 2006.

Kerstin K. Zander, Lisa Petheram and Stephen T. Garnett, "Stay or Leave? Potential Climate Change Adaptation Strategies among Aboriginal People in Coastal Communities in Northern Australia", Natural Hazards, No. 2, 2013.

研究报告与政府文件

Aboriginal and Torres Strait Islander Social Justice Commissioner and the Steering Committee for Indigenous Health Equality, "Closing the Gap: National Indigenous Health Equality Targets (2008)".

James Anaya, "Observations on the Northern Territory Emergency Response in Australia", United Nations Report, Feb. 2010.

Australia Bureau of Statistics, "Estimates of Aboriginal and Torres Strait Island Australians".

Australia Bureau of Statistics, "Estimates of Aboriginal and

Torres Strait Island Australians".

Australian Clean Energy Council, "Clean Energy Australia Report 2020".

Australian Communications and Media Authority, "Investigation Report No. 1485".

Australian Department of Defence, "Defending Australia: Defence White Paper 1994", Canberra: Australian Government Publishing Service, 1994.

Australian Department of Defense, "Inspector – General of the Australian Defense Force Afghanistan Inquiry Report", Nov. 2020.

Australian Department of Home Affairs, "2018 – 19 Migration Program Report".

Australian Department of Industry, Science, Energy and Resources, "Industry Insights: Flexibility and Growth 1/2018", Dec. 2018.

Australian Department of Industry, Science, Energy and Resources, "National Greenhouse Gas Inventory Quarterly Update", Sep. 2020.

Australian Government, "Northern Territory National Emergency Act 2007".

Australian Government, "Security Treaty Between Australia, New Zealand and the United States of America (ANZUS)".

Australian Government, "Stronger Future in the Northern Territory Act 2012".

Australian Government Productivity Commission, "Overcoming Indigenous Disadvantage: Key Indicators 2020".

Australian Law Reform Commission, "Pathways to Justice – Inquiry into the Incarceration Rate of Aboriginal and Torres Strait Islander Peoples (Summary Report)".

Australian Institute of Health and Welfare, "Children Living in Households with Members of the Stolen Generations".

Expert Panel on Constitutional Recognition of Indigenous Australians, "Recognising Aboriginal and Torres Strait Islander Peoples in the Constitution: Report of the Expert Panel".

Chris Holland, "Closing the Gap: 10 Year Review", The Close the Gap Campaign Steering Committee, 2018.

Human Rights and Equal Opportunity Commission, "National Consultations on Eliminating Prejudice Against Arab and Muslim Australians", Jun. 16, 2004.

International Energy Agency, "National Survey Report of PV Power Applications in Australia 2019".

New South Wales Government, Australia, "Service Stations – Biofuels Requirements".

Queensland Government, Australia, "Queensland Biofuel Mandates".

Anthony Shorrocks, Jim Davis and Rodrigo Lluberas, "Global Wealth Report 2018", Credit Susse Research Institute, Oct. 2018.

Australia Parliament, "Constitutional Convention Hansard 1998".

报刊和媒体

9 NEWS

Australian Broadcasting Cooperation

Northern Territory News

Special Broadcasting Service

Sky News Australia

The Canberra Times

The Conversation

The Guardian Australia

The Sydney Morning Herald

The Age

The Australian

The Australian Financial Review

The Courier – Mail

网站

Australian Bureau of Statistics

Australian Council of Trade Unions

Australian Department of Foreign Affairs and Trade

Australian Electoral Commission

Australian Unions

Encyclopedia Britannica

National Archives of Australia 1961 – 2021